D1079599

Distribution:

Pour le Canada:
Les messageries ADP
955, rue Amherst
Montréal (Québec) H2L 3K4
Tél.: (514) 523-1182

Pour la France:

Dilisco
122, rue Marcel Hartmann
94200 Ivry-sur-Seine
Paris (France)
Tél.: (1) 49 59 50 50

Pour la Belgique:

Vander, s.a.
321, avenue des Volontaires
B-1150 Bruxelles (Belgique)
Tél.: (32-2) 762 9804

Pour la Suisse:

Transat s.a.
4ter, route des jeunes
Case postale 125
Ch-1211 Genève 26
Tél.: (022) 42 77 40

52 façons simples de dire «Je t'aime» à votre enfant

Données de catalogage avant publication (Canada)

Dargatz, Jan Lynette

52 façons simples de dire «Je t'aime» à votre enfant

(Collection 52 façons)

Traduction de: 52 simple ways to tell your child «I love you»

ISBN 2-89225-238-5

1. Parents et enfants. 2. Amour. I. Titre. II. Titre: 52 façons simples de dire «Je t'aime» à votre enfant. III. Collection

HQ755.85.D3714 1994   306.874   C94-940187-0

Cet ouvrage a été publié en langue anglaise sous le titre original:

52 SIMPLE WAYS TO TELL YOUR CHILD «I LOVE YOU»

Published in Nashville, Tennessee, by Oliver-Nelson Books a division of Thomas Nelson, Inc. Publishers

Copyright © 1991 by Jan Lynette Dargatz

Illustrations of sign langage in way #6 from *Sign Language for Everyone*, Cathy Rice, copyright © 1977 by Thomas Nelson, Inc. Used by permission.

©, Les éditions Un monde différent ltée, 1994

Pour l'édition en langue française

Dépôts légaux: 1er trimestre 1994

Bibliothèque nationale du Québec

Bibliothèque nationale du Canada

Conception graphique originale de la couverture:

RICHMOND & WILLIAMS

Réalisation graphique française:

SERGE HUDON

Version française:

LILIANNE FLEURY

Photocomposition et mise en pages:

COMPOSITION MONIKA, QUÉBEC

ISBN: 2-89225-238-5

Jan Dargatz

52 façons simples de dire «Je t'aime» à votre enfant

Les éditions Un monde différent ltée
3925, Grande-Allée
Saint-Hubert (Québec)
J4T 2V8

COLLECTION **52** FAÇONS

CHEZ LE MÊME ÉDITEUR:

Dans la même collection:

52 façons de développer son estime personnelle et sa confiance en soi, Catherine E. Rollins

52 façons de faire des économies, Kenny Luck

52 façons simples d'encourager les autres, Catherine E. Rollins

En vente chez votre libraire ou à la maison d'édition
Prix sujets à changement sans préavis

Si vous désirez obtenir le catalogue de nos parutions,
il vous suffit de nous écrire à l'adresse suivante:
Les éditions Un monde différent ltée
3925, Grande-Allée
Saint-Hubert (Québec), Canada J4T 2V8
ou de composer le (514) 656-2660

À Johanna, Mary, Kurt,
Katelyn, Kiersten et à
tous les enfants qui me
connaissent sous le nom
de «tante Jan»

Table des matières

Introduction

*A*ussi courante que soit l'expression «J'aime» dans notre culture, l'amour n'est pas *toujours* si commode à évoquer. Pourquoi? Car pour aimer les gens, il faut mettre provisoirement notre ego de côté et orienter notre attachement, notre attention et notre affection vers quelqu'un d'autre que nous-mêmes. L'amour est, avant tout, désintéressé. Et, pour la plupart, nous sommes plus centrés sur nous-mêmes que nous ne voulons bien l'admettre.

Néanmoins, il est somme toute plus facile pour la plupart des gens de *ressentir* l'amour que de simplement l'*exprimer*. Nous trouvons souvent plus aisé de clamer que nous «aimons» une nouvelle recette de brocoli ou une paire de chaussures que de déclarer ouvertement que nous aimons une certaine personne.

Pourquoi est-ce si difficile pour nous de proclamer notre amour? Parce que l'amour prend racine dans le don et que le fait de donner est très gratifiant quand ce que nous donnons est bien reçu. La possibilité que quelqu'un puisse ne pas bien recevoir ou ne pas accueillir ce que nous souhaitons lui donner nous rend vulnérables. Qui dit vulnérabilité dit possibilité de rejet et donc, embarras et douleur émotionnelle.

Ainsi, l'émotion la plus intense, la plus grisante et la plus exaltante que nous puissions ressentir contient aussi en puissance la plus grande souffrance émotionnelle. Ce qui empêche la plupart des gens d'exprimer leur amour se traduit ici par la peur de souffrir. Ils ne connaissent que rarement des moments de grande joie parce qu'ils redoutent la douleur possible.

Pour d'autres encore, il n'est jamais question d'amour parce qu'ils ne savent tout simplement pas comment manifester l'amour qu'ils perçoivent. Ils n'ont vraisemblablement pas été habitués à donner, ou n'ont peut-être jamais reçu de marque d'amour authentique et, par conséquent, ils ne savent pas comment l'exprimer. Peut-être ne savent-ils pas, faute d'expérience, ce qui peut apparemment être le mieux accueilli et considéré comme une marque d'amour. En cela, ce livre peut leur apporter une grande aide.

Voici donc 52 façons toutes simples de manifester votre amour, de l'exprimer dans un langage que les enfants comprennent. Vous apprendrez à dire à vos enfants ce que vous ressentez avec un minimum de risque et un maximum de joie.

Bien entendu, plusieurs autres moyens sont à votre disposition. Que ceci ne soit que le début pour parvenir à dire à votre enfant: «Je t'aime». La bonne nouvelle, c'est qu'il n'existe pas meilleure récompense sur la terre que d'aimer un enfant et que cet amour soit réciproque.

1 *Prenez l'engagement d'aimer votre enfant*

F aites de *votre* amour le premier droit de naissance de votre enfant. Considérez-le comme le cadeau le plus important que vous ne puissiez jamais faire à votre enfant, plus important que votre foyer, plus essentiel que tous les biens matériels que vous pourriez lui procurer et même plus capital que tout ce que vous lui montrerez ou lui apprendrez. Votre enfant a besoin de savoir que votre amour pour lui est un bien absolu, gratuit et connu dans sa vie.

Dites à votre enfant qu'il peut toujours compter sur votre amour. Faites-lui savoir qu'à certains moments, vous ne semblerez pas lui exprimer votre amour — de fait, votre enfant pensera parfois que votre amour est inexistant — mais, malgré tout, votre amour sera là et fidèle.

Des promesses d'amour

«Petit, je ne te l'ai peut-être pas dit dernièrement, mais le sais-tu? C'est toujours vrai.

— Qu'est-ce qui est vrai?

— Le fait numéro un, tout à fait indéniable, acquis pour toujours, et absolument sûr: «Je t'aime».

Faites savoir à votre enfant que votre amour ne s'enracine pas sur ses actions, quelles qu'elles soient, mais que vous l'aimez simplement parce qu'il est votre enfant.

«Ma chérie, je t'aimerai toujours».

«Mon fils, je t'aimerai toujours».

«Ma fille, je t'aime plus que tout l'univers et ce qu'il contient».

Dites à votre enfant que votre amour pour lui est un don que Dieu vous a fait pour lui.

«Dieu nous aime certainement beaucoup puisqu'Il nous accorde la bénédiction d'avoir un fils comme toi».

«Je ne peux faire autrement. Dieu a déposé une grande quantité d'amour pour toi dans mon cœur, ma fille. Rien ne peut changer ce fait. Dieu L'a mis là et Il m'a assuré que j'aurai toujours cet amour pour toi.»

Et si vous ne ressentez pas cet amour spontané pour votre enfant? Faites-en votre problème et non celui de votre enfant. Allez chercher de l'aide. Demandez conseil. Interrogez-vous à savoir pourquoi vous vivez ce manque d'amour. Faites face au fait que c'est vous qui vivez ce problème et non pas votre enfant. Et décidez que vous *allez* aimer votre enfant. Vous obtiendrez l'aide nécessaire et votre priorité numéro un, en tant que parent, sera d'aimer votre enfant.

Faites un serment d'amour. Il peut se produire à la réception qui suit le baptême ou la confirmation de votre enfant. Ça peut se faire en portant un toast lors d'un repas familial. Ne faites pas que ressentir votre amour, faites-en vœu ouvertement. Avouez-le aux autres. Exprimez-le. Faites-le avec des mots. Faites-en une déclaration dans le temps et l'espace. Demandez aux autres membres de la famille de vous soutenir dans cette volonté d'aimer votre enfant. Ne cachez pas ce serment à votre enfant. Dites-lui que vous avez fait le vœu de l'aimer toujours.

Des certificats d'amour

Une façon d'exprimer votre amour à votre enfant, c'est de proclamer son droit d'être aimé, acquis à la naissance, par une sorte de «certificat d'amour». Par exemple, un couple a ajouté ces mots sur le certificat de naissance de leur enfant: «Conçu dans l'amour, né dans l'amour et, avec la grâce de Dieu, nourri et élevé dans l'amour jusqu'à l'âge adulte».

Un autre couple a écrit un «gage d'amour des parents» à leurs enfants. Ils ont élaboré le texte ensemble pendant la première grossesse, ils ont demandé à un graphiste de le calligraphier et ensuite, ils en ont fait encadrer une reproduction pour l'afficher dans la chambre de chacun de leurs enfants. La déclaration se terminait ainsi: «Le meilleur droit de naissance que nous pouvons te donner, c'est notre amour. Notre amour est notre bénédiction de ta vie. Notre amour est ta certitude que tu n'as jamais été et ne seras jamais une erreur à nos yeux. Notre amour est le cadeau le plus inestimable que nous puissions te procurer et nous te le donnons librement, car tu es le cadeau le plus précieux qui nous ait jamais été confié!»

Une mère a fait de son message un acte de naissance brodé au point de croix: «Voici 3 kilos 200 grammes de pur amour.»

Un père portait un tee-shirt arborant ce message sur le devant: «Allez-y. Embellissez ma journée. Demandez-moi combien j'aime mes enfants».

Votre amour est le plus beau cadeau que vous puissiez donner à votre enfant. Par-dessus tout, votre amour fournit à votre enfant un sentiment de sécurité, une base solide pour une saine estime de soi, et pour une bonne santé mentale et émotionnelle tout au long de sa vie.

2 Comblez les besoins fondamentaux de votre enfant

*A*vant que votre enfant puisse vraiment vous croire quand vous lui dites: «Je t'aime», il doit savoir que vous vous préoccupez vivement de combler ses besoins fondamentaux: la nourriture, le gîte et la sécurité.

La nourriture

Les enfants ont besoin d'aliments nutritifs préparés de façon nutritionnelle et ils ont besoin de boire de l'eau potable. «Mais, mes enfants n'aiment pas certains aliments», direz-vous peut-être. Habituez-les à les aimer. Servez une grande variété d'aliments. Préparez-les aussi simplement que possible: crus, à la vapeur, bouillis ou grillés. Donnez la chance à vos enfants de goûter l'éventail des saveurs réelles sans trop ajouter de sel, d'agents chimiques de conservation ou d'huiles.

L'esprit des enfants a aussi besoin d'être nourri. Les enfants doivent être exposés à une grande variété de stimuli qui déclencheront leur créativité, illumineront leur imagination et développeront leur sens des valeurs. Ils requièrent davantage d'expériences que de jouets. Ils nécessitent de plus de temps de jeux que de temps de télévision. Ils ont besoin de fréquenter d'autres enfants et d'autres adultes à l'occasion.

Ceci ne signifie pas que vous deviez imposer à votre enfant des fiches d'apprentissage scolaire dès son jeune âge, ni que vous deviez transformer sa chambre en magasin de jouets. Pour un enfant, le placard avec sa batterie de cuisine renferme un grand potentiel créatif. La cour arrière peut représenter une jungle, une forêt ou une plage: le portique peut être une forteresse, un palais ou un donjon. La chance d'être près de vous dans la cuisine quand vous préparez un repas peut être la meilleure leçon du jour.

- Demandez-vous si le jouet que vous lui achetez stimule sa créativité.

- Demandez-vous si cette activité développe le sens des valeurs et favorise la croissance mentale que vous voulez voir chez votre enfant.

Le gîte

Les enfants ont aussi besoin d'un gîte. Une protection contre les rigueurs de leur environnement est un besoin fondamental. L'environnement d'un enfant comprend bien plus que la température.

Les mères qui ne songeraient jamais à envoyer leurs enfants jouer dans la neige sans gants ni bonnet ne constatent souvent pas la menace que constitue le vacarme constant des bruits de la vie urbaine. Les enfants ont besoin de tranquillité. Ils ont besoin de savoir qu'ils peuvent s'abriter du monde et s'isoler.

Les enfants ont besoin de chaleur quand il fait froid et de fraîcheur quand il fait chaud. Ils ont besoin de pouvoir rentrer chez eux en utilisant des poignées de portes qu'ils peuvent atteindre et des portes qui s'ouvrent facilement. Ils ont besoin de pouvoir prendre un verre d'eau fraîche sans avoir à demander d'aide ou de permission. Ils ont besoin de pouvoir retirer certains vêtements ou d'en revêtir en plus, le cas échéant.

Les enfants ont besoin d'espace. Ils ont besoin d'un coin du monde qui leur appartient et où ils sont libres de créer leur propre univers. Pour certains, il peut s'agir d'un lit bien à eux. Pour d'autres, il peut être question d'une chambre personnelle, du bas d'un petit garde-robe ou d'une maison dans un arbre.

La sécurité

Les enfants ont besoin d'être à l'abri de la souffrance. Ils ont besoin de savoir que leurs parents font tout leur possible pour les garder en santé. L'une des meilleures façons de vous assurer que vous comblez bien les besoins fondamentaux de vos enfants, c'est de faire une visite régulière chez le pédiatre. Faites vérifier périodiquement l'ouïe et la vue de votre enfant. Les dents examinées de façon régulière entrent aussi dans cette catégorie de soins préventifs.

Les enfants ont également besoin d'être à l'abri de douleurs émotionnelles et mentales. Ils doivent être protégés de mauvais traitements et de sévices.

Remarquez que l'accent est mis ici sur les besoins et non sur les désirs. Vous n'avez *pas* la responsabilité de combler *tous* les désirs de vos enfants. Vous n'avez *pas* la responsabilité de leur fournir les produits, les services et l'environnement les meilleurs et les plus sophistiqués qui soient. Une maison même modeste peut s'avérer être un aussi bon foyer qu'un château. Une paire de jeans se porte aussi bien *sans* la griffe d'un dessinateur de mode.

La source de l'amour n'est pas l'émotion, c'est pourvoir aux besoins. En répondant aux besoins fondamentaux de votre enfant, vous établissez les assises sur lesquelles l'amour prend tout son sens. Comblez les besoins fondamentaux de votre enfant et les manifestations de votre amour seront ce qui lui est le plus nécessaire.

3   *Les surnoms*

*U*n surnom, un terme affectueux, est l'une des façons les plus faciles d'exprimer quotidiennement votre amour à votre enfant. Pour mon frère et moi, c'était simplement «Jannie» et «Craigie». Ces noms paraissent étranges à les voir écrits ainsi, mais ils n'étaient jamais bizarres à nos oreilles. C'étaient les surnoms que papa et maman nous donnaient.

Les sobriquets, les surnoms spéciaux, affectueux et intimes créent des liens merveilleux quand ils sont utilisés avec amour.

Faites d'un sobriquet le signe affectueux d'une relation d'amour exclusive qui vous lie à votre enfant. Ne donnez à personne d'autre ce nom. Un surnom dit à un enfant: «Tu es super spécial pour moi. Je te donne un nom juste pour toi qui incarne mon amour. C'est un sobriquet que j'utilise *juste* pour toi!»

L'intimité

Un surnom affectueux s'emploie mieux dans l'intimité. C'est pour ainsi dire à peu près aussi efficace qu'un code secret. Cela transmet comme message au monde: «Il y a ici une relation intime et inaccessible au monde extérieur.»

• Assurez-vous toujours que votre enfant se sente à l'aise avec ce surnom.

Quand c'est possible, optez pour quelque chose que votre enfant a d'abord choisi, peut-être un nom qu'il se donne lui-même ou auquel il s'identifie. Vous pourriez lui demander: «Qui es-tu pour moi?» (Cette question peut être très révélatrice, et à bien des niveaux. Préparez-vous à une réponse qui ouvre les yeux).

• N'utilisez pas un surnom qui pourrait gêner votre enfant, soit en privé ou en public.

Évitez les surnoms qui font référence à des traits physiques ou au rang dans la famille. Un enfant surnommé «bébé» n'appréciera pas ce surnom quand il mesurera 1,80 mètre et qu'il commencera à se raser. «Junior» précise une distinction entre un père et son fils ou entre un cadet et l'aîné; ce n'est pas un véritable surnom. Et aucune enfant ne veut être appelée «petite prune» quand elle arrive à l'âge de sa puberté. Si un enfant vous dit: «Ne m'appelle pas comme ça, conformez-vous à ce qu'il demande.

La continuité

Les surnoms utilisés pendant des mois et des années donnent à l'enfant un sentiment de stabilité dans une relation. J'étais Jannie voilà 40 ans. Je le suis encore aujourd'hui. Mon surnom suggère la continuité, une affection à long terme et le sentiment de confiance de «Je suis quelqu'un» à l'intérieur, même si le monde extérieur ne le saura jamais.

Un surnom utilisé pendant des années et des décennies devient synonyme de «unique et merveilleux». Et en cela, il y a de l'amour!

4   *Lisez avec votre enfant*

L 'une des façons les plus faciles et les plus appréciées de passer du temps avec votre enfant, c'est de lire avec elle ou avec lui. Lire ensemble crée une relation de proximité. Pendant ces quelques minutes de la journée, votre enfant sait que vous lui accordez toute votre attention. Il ou elle sait aussi, en s'assoyant près de vous ou sur vos genoux, que de fait, vous êtes tous deux presque inaccessibles aux sollicitations extérieures.

Lisez à haute voix pour votre enfant

Même si votre enfant est encore au berceau, lisez! Permettez-lui de percevoir votre façon d'associer les mots, les inflexions de voix que vous utilisez, les différents tons de voix que vous attribuez à divers personnages. Choisissez des livres qui stimuleront l'imagination de votre enfant.

Plus votre enfant grandit, plus vous devriez le laisser vous aider à choisir. Que les visites à la bibliothèque fassent régulièrement partie de votre routine familiale.

Voici quelques conseils pour lire ensemble:

- Tenez votre enfant contre vous. Faites-lui sentir que vous souhaitez non seulement partager d'esprit à esprit, mais que vous voulez également vivre une proximité physique.

- Personnalisez l'histoire chaque fois que c'est possible. Relevez aux illustrations les choses qui pourraient ne pas faire partie de l'histoire. Posez des questions à votre enfant: «Qu'est-ce que tu crois qu'il se produira ensuite?» «Lequel de ces personnages préfères-tu?» «T'es-tu déjà senti ainsi?»

- Adoptez un rythme approprié à votre enfant. Il ou elle vous le dira si vous allez trop vite ou trop lentement. Vous empêcher de tourner la page signifie: «Pas trop vite, papa. Ralentis. J'ai besoin de plus de temps dans cette page et avec toi.» L'agitation signifie: «Lis plus vite, maman.» Tourner rapidement la page suivante signifie: «Je n'ai pas assez d'attention pour écouter tout ça. Résume.»

Laissez votre enfant lire à voix haute pour vous

Faites grand cas de ce que votre enfant lit pour vous. Écoutez attentivement. Assoyez-vous côte à côte. Posez les questions qui vous semblent appropriées, mais cessez cependant quand votre enfant vous reproche de l'interrompre. Ne vous formalisez pas des mots mal prononcés. Aidez votre enfant avec ces mots seulement s'il vous demande de l'aider. Il cherche de l'amour, non de l'éducation.

Je connais un jeune père qui voulait consacrer du temps pour la lecture à ses enfants mais, étant fermier, il se levait tôt et travaillait dès 4 h si bien qu'il était souvent trop fatigué et s'endormait dès les premières pages de l'histoire. Il a finalement eu recours à des histoires sur cassettes audio. Il s'allongeait sur le lit d'un des enfants avec le magnétophone sur le ventre et un enfant sous chaque bras. Ensemble, ils écoutaient les contes sérieux ou humoristiques. À quelques reprises, ses enfants ont dû le réveiller pour qu'il tourne la cassette, mais ces séances de lecture étaient remplies d'amour et de proximité.

Faites de ces temps de lecture une partie normale de votre horaire quotidien.

- Prenez quelques instants, pendant que le repas est en train de cuire, pour vous asseoir et lire avec vos enfants. La lecture est un moyen formidable d'aider l'enfant à se détacher du jeu et à se calmer en vue d'une soirée paisible.

- Vous pourriez aussi vouloir lire avec votre enfant après l'heure du bain et juste avant le coucher, une transition douillette pour une nuit calme.

Rappelez-vous que, si votre enfant n'est jamais trop jeune pour une séance de lecture, il n'est jamais trop vieux non plus. Votre adolescent peut ne pas s'asseoir aussi près de vous, mais il ou elle peut encore apprécier l'intimité d'une histoire partagée avec vous.

Plus votre enfant grandit, plus vous devriez vous accorder des soirées où votre salon devient une salle de lecture où chacun lit. Acceptez d'être interrompu par un enfant qui trouve un passage trop drôle pour le garder pour lui. Soyez prêt à partager ce que vous croyez être d'un intérêt particulier.

Les livres fournissent un terrain fertile pour les relations entre parents et enfants. Et sur ce terrain, l'amour croît extrêmement bien.

5 *Faites quelque chose ensemble*

*U*n enfant comprendra toujours l'amour s'il s'exprime par le temps passé ensemble. Une des meilleures façons de passer du temps ensemble, c'est de faire quelque chose ensemble.

Le but de l'exercice est celui-ci: le faire *ensemble*. Ne choisissez pas une activité où vous faites tout et que votre enfant ne fait qu'observer. Évitez également les activités où votre enfant fait tout et où vous, vous supervisez.

Des choses à faire

Quelques bonnes choses à faire ensemble? Voici quatre activités neutres et à partage égal que vous pouvez prendre en considération.

Cuisiner: Vous émincez un ingrédient. Laissez votre enfant émincer l'autre. Vous faites le gâteau. Permettez à votre enfant d'en faire le glaçage. Vous préparez le plat de résistance. Confiez à votre enfant la préparation de la salade. Vous tournez la manivelle pour faire la crème glacée-maison. Laissez votre enfant surveiller la viande sur le gril.

Jardiner: Vous plantez un rang. Laissez votre enfant planter le rang suivant. Vous ensemencez un plant. Laissez votre enfant en ensemencer un autre. Vous cueillez les tomates. Laissez votre enfant récolter les courgettes.

Faire un puzzle: Assemblez une partie du puzzle pendant que votre enfant assemble l'autre. Vous trouvez un morceau; votre enfant trouve un morceau.

Fabriquer des maquettes: (Ceci inclut les maisons de poupées, les cabanes d'oiseaux, les rails d'un train, et ainsi de suite). Vous peignez certaines parties. Laissez votre enfant peindre les autres. Tapissez un mur de la maison de poupée pendant que votre enfant en tapisse un autre. Tenez les morceaux de papier peint l'un pour l'autre pendant que la colle adhère.

Comment travailler ensemble

En travaillant ensemble, suivez quelques règles simples pour que l'activité se fasse dans l'amour et non dans la confrontation.

- *Soyez prêt à accepter le travail de votre enfant.* Laissez de la place aux imperfections. Acceptez que les rondelles de carottes ne soient pas toutes de la même épaisseur. Acceptez que la colle sorte d'entre les pièces.

- *Choisissez quelque chose que vous considérez tous les deux comme important ou amusant.* N'insistez pas pour que votre enfant bâtisse une maquette d'avion alors qu'il préférerait assembler un bateau. Laissez votre enfant vous aider à choisir le puzzle et décider quoi en faire quand il est terminé (comme l'encadrer, le défaire, le donner, en faire un plateau genre mosaïque).

- *Quand c'est possible, choisissez des activités sans échéance ni temps très limité.* Faites-en un moment de détente ensemble. Si l'enfant ressent la pression du temps, il sera enclin à faire plus d'erreurs que d'habitude, ce qui rendra l'activité moins plaisante pour lui. Ne vous attendez pas à ce que votre enfant soit aussi rapide que vous à la tâche.

- *Ne prenez pas cette activité comme prétexte à une conversation.* Plusieurs parents choisissent de faire une activité avec leur enfant pour amorcer une conversation ou dans l'espoir que leur enfant se confiera à eux à propos d'un certain sujet. L'enfant peut le faire ou ne pas le faire.

- *Louangez votre enfant pour le travail qu'il fait.* Dites-lui que vous estimez ses efforts, ses habiletés, sa réussite: «C'est du beau travail.» «Merci.» «Tu sais, tu peux devenir très doué pour cette tâche.»

- *Faites savoir à votre enfant que vous êtes content d'être avec lui ou elle.* Dites: «Tu sais, je préfère faire ça avec toi plutôt qu'avec n'importe qui d'autre à qui je pourrais penser.» «J'aime ramasser des pommes de terre avec toi.» «Tu es bien aimable de faire ça avec moi.»

- *Choisissez une activité qui a une fin.* Le repas arrive toujours sur la table. Le jardinage s'arrête en définitive pour une journée ou pour la saison. Le puzzle se termine. La colle sèche et la maquette est exposée sur une étagère. La maison de poupée est finalement montée et prête pour le jeu.

La beauté ou le succès de la chose que vous avez accomplie n'est pas ce dont votre enfant se rappellera ou ce pourquoi il vous sera reconnaissant. Ce dont il se souviendra comme manifestation de votre amour partagé, ce sera du temps que vous avez passé ensemble et du fait que vous avez accompli quelque chose ensemble.

6   *Le langage des signes*

*A*pprenez à dire «je t'aime» dans votre propre langage de signes. De cette façon, vous pouvez envoyer votre message même d'un bout à l'autre d'une salle bondée.

Dans le langage des sourds, «je t'aime» est habituellement exprimé par trois mouvements de mains:

| Diriger la main vers vous. | Croiser les mains sur votre cœur. | Pointer l'index vers l'autre personne. |

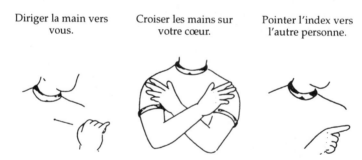

Des messages personnels

Cependant, vous n'avez pas besoin d'utiliser de grands gestes pour faire parvenir le message. À certains moments, vous devriez «murmurer» votre message, même par des signes. Soyez discret et attentif à la réaction de votre enfant. Vous pouvez toujours désigner votre cœur et y faire une croix avec un doigt seulement et ensuite, faire un signe de tête avec un clin d'œil à l'autre personne. C'est de cette façon qu'une mère envoyait des signes d'encouragement à ses enfants qui étaient sur l'estrade en train de se préparer à chanter une chanson pour le spectacle de Noël à l'église.

Des messages créatifs

Encouragez votre enfant à être inventif dans ses façons d'exprimer ses «je t'aime». Un jeune homme de ma connaissance touchait ses lèvres au lieu de son cœur. Il souriait ensuite largement, en montrant toutes ses dents de devant et en tenant son doigt près de sa bouche tout en le dirigeant vers son grand-père. Dans son langage personnel de signes, il envoyait probablement le message: «Je te souris» ou «Je te souris à pleines dents». En vérité, il disait: «Je t'aime, grand-papa!»

Une autre jeune enfant se frottait le cœur au lieu d'y faire une croix. Elle frottait et frottait, avec un regard sérieux, presque douloureux. J'ai demandé: «Qu'est-ce que tu dis par tous ces frottements?» Elle a répondu: «Je t'aime beaucoup, beaucoup, beaucoup.»

Bien souvent, les parents sont trop loin de leur enfant pour pouvoir lui offrir un mot d'encouragement. Que dites-vous quand votre enfant qui est dans la première rangée se retourne frénétiquement vers vous quelques instants avant de donner son premier récital de piano? Que faites-vous quand votre enfant se prépare à avancer sur le terrain de football pour son premier défilé de majorettes?

Utilisez le langage des signes. Les autres pourront peut-être «surprendre» ce que vous dites, mais personne ne sera gêné de votre message; votre enfant non plus.

7   *Gardez bien les secrets de votre enfant*

L 'amour est fondé sur la confiance. Votre enfant doit pouvoir se fier à vos paroles. Votre enfant doit pouvoir *toujours* croire en votre souci de combler ses besoins. Votre enfant doit être en mesure de croire que vous serez *toujours* son allié.

La confiance de votre enfant peut se gagner, en partie, par le respect de ses secrets. D'autre part, rien ne peut détruire plus rapidement la confiance de votre enfant que votre trahison.

Devez-vous garder tous les secrets de votre enfant? Oui. Vous avez cependant le privilège de définir ce qui peut être un secret et ce qui ne peut *pas* l'être.

Quand les secrets sont autre chose

Parlez à votre enfant de la différence entre une information et un secret. Permettez à votre enfant de classer comme secrets seulement les choses qui le concernent lui et lui seul. Vous ne pouvez pas et ne devez pas être responsable de secrets qui concernent d'autres enfants.

Enseignez à votre enfant la différence entre le fait de confier un secret et l'aveu de sa culpabilité.

Si un enfant vous confie quelque chose et qu'il dit que c'est confidentiel, ça ne signifie pas qu'il ne peut pas être puni pour cette chose. «Si je te dis un secret, maman, me promets-tu de ne pas te fâcher?» demande votre enfant. N'acceptez pas! Vous pourriez vous retrouver donnant votre accord à des événements comme: «Je viens d'arracher toutes les marguerites dans le jardin de madame Gagné.»

Quand les secrets sont sous-entendus

Plusieurs des choses que votre enfant fait devraient également être considérées par vous comme des secrets, même si le mot n'est pas mentionné ou que votre enfant ne vous demande pas de garder le secret. Le monde entier n'a pas besoin de savoir quand votre fille commence à porter un soutien-gorge. Vos voisins n'ont pas besoin d'entendre dire que votre fils vient d'embrasser sa petite amie pour la première fois.

Même votre meilleure amie n'a pas à être mise au courant des conversations intimes que vous pouvez échanger avec votre enfant au sujet de ses problèmes, de ses questionnements, de ses peurs et de ses décisions.

Les enfants répètent leurs propres secrets. Ne soyez pas surpris de découvrir que vous n'êtes pas le seul à avoir été mis au courant d'une chose dans la plus stricte confidence. Bien souvent, l'enfant vous confiera une chose comme un secret seulement pour voir votre réaction, savoir ce que vous allez dire et avoir un aperçu de l'opinion d'un adulte sur un sujet, un incident ou une idée.

En gardant confidentiels les secrets de votre enfant, vous lui dites: «La confiance que tu me portes est précieuse pour moi, tellement précieuse qu'il n'y a rien que je ne ferai volontairement pour la détruire.» La confiance crée une atmosphère dans laquelle l'amour s'exprime librement et est accueilli librement; c'est l'atmosphère dans laquelle les mots «je t'aime» sont prononcés avec la plus grande authenticité.

8

Exigez l'honnêteté dans les émotions

*N*e dissimulez pas vos émotions. Ne permettez pas à votre enfant de cacher les siennes. Quand vous êtes fâché ou déçu, dites-le. Quand vous êtes heureux, emballé ou satisfait, exprimez-le aussi.

Un enfant qui perçoit des émotions franches venant d'un adulte en vient à apprécier les émotions spontanées et finit par les exprimer. Pourquoi l'honnêteté est-elle si importante dans les émotions? Parce que vous voulez que votre enfant vous croit quand vous exprimez votre sentiment le plus profond, le plus grand, votre sentiment ultime: «Mon cœur déborde d'amour pour toi!»

La personne opposée aux actions

Les réactions émotives sont en général très spécifiques à ce que quelqu'un a dit ou fait. Il est important pour votre enfant de vous entendre faire une distinction entre vos sentiments pour une personne et les émotions provoquées par le comportement de cette personne dans une situation donnée.

- «Je suis tellement content d'avoir reçu une augmentation. Ça veut dire que mon patron est satisfait de mon travail et j'aime savoir que je m'acquitte bien de ma tâche. Ça signifie aussi que nous aurons un peu plus d'argent à dépenser. C'est un fait que j'apprécie également!»

• «Je suis vraiment déçue de ne pas avoir fait ce voyage. J'espérais visiter Londres. Mais je me rends compte que, cette fois-ci, ton père devait y aller seul; c'était un voyage d'affaires, pas des vacances.»

• «Je suis très fâchée que tu aies arraché toutes les marguerites de madame Gagné. C'était un geste mesquin et méchant. Je veux que tu ailles dans ta chambre. Je t'y retrouverai bientôt pour te donner une punition.»

En faisant de telles déclarations, vous dissociez vos émotions face à certaines actions, certaines décisions ou certains comportements de la personne même de votre patron, de votre mari ou de votre enfant.

Autrement, quel serait le résultat d'une phrase comme: «*Je suis tellement content. Vous êtes le meilleur patron du monde.*» Cela suppose que votre patron est la cause de votre joie. Votre enfant ne sait pas ce que le patron a fait pour vous rendre heureux; il sait seulement qu'il y a une relation entre votre patron et votre bonheur. Cette émotion devient alors liée à une personne et non au comportement de la personne.

«*Je suis tellement déçue. Ton père y va et je ne peux pas y aller.*» L'insinuation, c'est que papa est responsable de la déception. Papa est tellement lié de près à la déception qu'il n'y a, pour l'enfant, qu'un seul pas à franchir pour conclure que papa est décevant.

«Je suis très fâchée. Tu es un vilain garçon.» L'action n'est pas dissociée de l'enfant. Vilain maintenant? Vilain toujours? Vilain pour ceci? Ou vilain comme trait de caractère?

Il est important pour votre enfant de savoir que vous l'aimez pour *ce qu'il est*, même si vous n'aimez pas toujours *ce qu'il fait*. Autrement, votre amour devient étroitement lié aux actions. Votre enfant tentera sans cesse de gagner ou de mériter votre amour. Il croira qu'il doit *faire* quelque chose pour mériter votre amour et être à la hauteur de votre amour. Un enfant a besoin de savoir qu'il *peut compter* sur votre amour et votre dévouement, mais que ses actions peuvent, à certains moments, encourir votre désapprobation.

Quand il arrive à faire la distinction entre les actions et la personne comme telle, votre enfant est capable de différencier les punitions pour des actions d'avec les punitions pour des traits de caractère. Si un enfant sait qu'il est puni pour ses mauvaises actions, il peut apprendre à changer ces actions, ce qui est le but premier de la punition.

L'amour opposé aux qualifications pour l'amour

Dites à votre enfant ce que vous aimez chez d'autres personnes. Mais faites en sorte de séparer l'amour des qualités, quand c'est possible.

«Je t'aime parce que tu es mon fils. C'est l'amour le plus particulier du monde. Rien ne s'y compare. C'est tout simplement comme ça. Je t'aime pour ce que tu es.»

«Je t'aime parce que tu es ma fille. Il n'y en a qu'une comme toi et tu es tout à fait unique pour moi. Mon amour pour toi ne ressemble en rien à ce que j'ai déjà ressenti pour d'autres. Je t'aime simplement parce que tu es toi.»

Ces paroles seront perçues comme étant franches seulement si vous êtes honnête dans votre façon de partager votre sentiment. Donnez à votre enfant des paroles et des émotions auxquelles il peut se fier.

9 *Pardonnez spontanément*

R ien ne permet davantage à un enfant d'expérimenter votre amour que le pardon que vous lui accordez. Les enfants saisissent assez vite quand ils ont fait quelque chose qui mérite la désapprobation de leurs parents.

Une *offense* est un mot sérieux à ne pas utiliser à la légère. Il est important que vous discutiez avec votre enfant de la différence entre *offenses* et *erreurs*.

Les erreurs

Les erreurs sont des choses que l'enfant fait accidentellement en essayant de faire des choses bonnes et correctes. Les enfants font aussi des erreurs quand ils ne se concentrent pas sur ce qu'ils font, quand ils tentent de faire quelque chose pour la première fois ou quand ils exercent une habileté. Les erreurs sont souvent faites alors que l'enfant essaie d'avoir du plaisir.

Les nouvelles chaussures sont abîmées parce que l'enfant piétine dans trop de flaques d'eau. Le verre de lait est renversé parce que l'enfant, voulant être indépendant, essaie d'attraper le pot d'olives. La jupe est déchirée quand la fillette grimpe par-dessus une clôture pour arriver à temps à la maison.

Les erreurs causent habituellement certains dommages aux gens, aux choses ou aux événements. Par contre, les offenses sont des gestes volontaires qui brisent ou endommagent une relation.

Les offenses

Les offenses non regrettées ou non pardonnées empêchent la communication, détruisent la confiance, engendrent la culpabilité et, en fin de compte, créent un faux sens de la réalité dans l'esprit de l'enfant.

Mentir, tricher, voler (et les autres gestes malhonnêtes) sont des offenses habituelles de l'enfance. En effet, les enfants semblent avoir une habileté innée pour commettre ces offenses dès la plus tendre enfance.

Le problème avec les offenses, c'est qu'elles sont composées. Une faute tend à en engendrer une autre. Que doivent faire les parents?

* *C'est la responsabilité des parents de confronter l'enfant à ses offenses.* Les erreurs sont souvent évidentes aux yeux de tous et la confrontation est rarement nécessaire. Les offenses sont souvent plus subtiles. Dites à votre enfant que vous savez qu'il a fait quelque chose qui porte atteinte à votre confiance et qui trouble la communication et la relation d'amour auxquelles vous tenez de tout cœur.

45

- *C'est la responsabilité des parents d'entendre la confession complète de l'enfant.* Ne réagissez pas trop vite. Soyez sûrs d'entendre l'histoire au complet. Ne laissez pas votre enfant n'avouer que la moitié de ce qu'il a fait ou reconnaître seulement la moitié de ce qu'il n'a pas fait. Ne brandissez pas trop vite le glaive de la punition. Écoutez votre enfant jusqu'au bout. Cherchez les motivations cachées. Approfondissez un peu.

- *C'est la responsabilité des parents de punir l'offense.* L'offense a des conséquences. C'est en partie ce qui en fait une offense. Si les conséquences ne viennent pas de vous dès leur bas âge, elles viendront de quelqu'un d'autre plus tard et habituellement avec beaucoup plus de sévérité.

Les erreurs sont aussi punissables, surtout lorsqu'il s'agit d'actions où l'enfant avait déjà été averti (et donc, l'erreur est un acte de désobéissance) ou d'actions où l'erreur aurait pu être évitée par une réflexion préalable. La punition est un moyen d'habituer l'enfant à ne pas refaire certaines actions. Cependant, les punitions pour les erreurs peuvent généralement être moins sévères que celles données pour une offense parce que les erreurs sont habituellement plus rapidement reconnues.

Quel genre de punition est meilleure? Tout simplement, ce devrait être quelque chose que votre enfant ne désire pas. Il n'existe aucune punition parfaite qui fonctionne pour tous les enfants. Il peut s'agir d'une fessée ou de l'annulation d'une sortie déjà planifiée.

- *C'est la responsabilité des parents de pardonner à l'enfant.* La punition vise l'action de l'enfant. Le pardon vise la culpabilité et l'ombre jetée sur la relation.

Ne fermez pas les yeux sur les offenses de vos enfants. Donnez à votre enfant la libération de l'esprit qui vient par la confrontation, le repentir, grâce à une punition adéquate et à votre pardon accordé gratuitement. Tout ceci dit à l'enfant: «Je t'aime assez pour prendre soin de ce que tu deviens.»

10 *Dites à votre enfant que vous ne l'avez pas conçu par erreur*

*L*es enfants doivent se sentir désirés pour être en mesure de se sentir vraiment aimés. Bien souvent, face à une indifférence parentale momentanée ou à une négligence temporaire, les enfants tirent des conclusions comme «maman ne veut pas me voir» ou «papa se fout que je sois mort ou vivant».

Votre jeune enfant vit dans le présent et, instant après instant, il peut vous entendre lui dire cinq fois par jour que vous l'aimez et ne jamais s'en lasser.

Plus votre enfant grandit, moins il a besoin de l'entendre dire. Votre relation est construite depuis plus longtemps. La confiance est plus profonde. Il est plus sûr de votre présence et de votre amour.

Il n'en est pas moins important de rassurer périodiquement votre enfant sur le fait qu'il est désiré, que vous ne l'échangeriez pas contre tout l'or du monde (et même plusieurs planètes et étoiles) et que vous ne voulez même pas penser combien la vie serait terne sans lui.

Une des lettres préférées que j'aie jamais reçue de ma mère est celle où elle et mon père étaient allés en montagne. Ils avaient passé plusieurs heures à explorer un chemin par-ci et un autre par-là. Maman m'avait écrit: «Nous avons réfléchi ton père et moi à savoir: referions-nous ce que nous avons fait, tout en sachant ce que nous savons maintenant? Et nous avons décidé que oui, nous le referions.» Par «refaire tout», elle voulait dire leur mariage et leur décision d'avoir des enfants.

Même à 22 ans, j'ai ressenti une bouffée de chaleur à la lecture de sa lettre. Il ne m'était jamais arrivé de penser que je n'avais pas été désirée. En fait, j'étais plutôt certaine tout au long de ma croissance d'avoir été un bébé désiré et d'avoir été généreusement voulue, appréciée et aimée comme enfant. C'était tout de même très agréable de me le faire répéter une fois de plus.

- Dites à votre enfant que vous êtes heureux qu'il soit né. Dites-lui: *«Je suis contente que tu sois en vie. Je suis content que tu sois toi. Je suis heureux que tu sois ici.»*

- Dites à votre fils que vous êtes heureux qu'il soit *votre fils*. Laissez savoir à votre fille que vous êtes contente qu'elle soit *votre fille*.

- Que vos enfants adoptifs sachent que, si vous aviez à refaire le choix, ce serait le même choix.

- Que votre enfant sache qu'il était une réponse à votre prière, qu'elle était un désir de votre cœur.

Donnez à votre enfant l'assurance que vous l'avez voulu, que vous le voulez encore et que vous le voudrez toujours. C'est la base la plus solide que vous puissiez donner à l'amour.

11 Réservez un endroit spécial pour les souvenirs de votre enfant

A yez un endroit spécial où vous conservez les photos et les autres souvenirs de votre enfant. Ayez également une place spéciale où vous notez vos sentiments et vos souvenirs concernant votre enfant. Dites à votre enfant qu'il est tellement précieux pour vous que vous voulez saisir et chérir chaque minute de sa vie.

Votre endroit spécial peut être:

- un tiroir;
- une armoire;
- une grande boîte de bois;
- un coffre ou une malle;
- un album de photos ou de coupures de presse, un journal.

Au cours de sa grossesse, Hélène tenait un journal où elle inscrivait périodiquement comment elle se sentait en présence de l'enfant qui grandissait dans ses entrailles. Elle a écrit comment elle

s'est sentie quand elle a appris qu'elle était en-
ceinte et combien elle a été emballée le jour où elle
a entendu les battements du cœur de son bébé. Elle
a exprimé comment elle s'est sentie la première fois
que le bébé a bougé en elle. Après la naissance de
son fils, elle a écrit de façon élaborée toutes ses
émotions, les réactions du père et des grands-parents, ainsi que ses espoirs et ses rêves pour son
fils, qu'il puisse grandir et devenir un homme aimant, généreux et sensible.

Gérard a écrit sa vie avec sa toute petite fille,
Rachel, dans un petit livre intitulé simplement:
«Rachel à la villa dans la lande», la villa dans la
lande étant le nom qu'ils avaient donné à leur maison. Il a écrit les choses drôles qu'elle avait faites et
dites et ses sentiments en tant que père au cours
des plus jeunes années de sa fille. Quel cadeau
inestimable pour Rachel.

Les choses à faire

Inscrivez des petits mots à côté des photos
dans l'album, des mots qui rappellent un événement, un souvenir particulier et des émotions.

Conservez les mots d'amour de vos enfants.
Placez-les dans votre bible ou dans une boîte réservée spécialement à cet usage.

Gardez des exemplaires de vos cartes de Noël,
surtout celles où il y a la photo de vos enfants, pour
les albums de souvenirs de chacun d'eux.

Aimer veut dire conserver

Votre enfant accorde autant de valeur à ses
choses qu'à lui-même. «À moi!» doit certainement

être l'une des dix premières expressions qu'apprend tout enfant. Quand un enfant voit que vous valorisez ses choses: ses dessins, ses petits mots, ses récompenses, ses coupures de journaux, ses photos de lui, il commence à croire: «Maman aime mes choses. Maman m'aime. Papa est fier de mes créations et de mes réussites. Papa est fier de moi.»

12 *Placez-vous au niveau de votre enfant*

P enchez-vous. Mettez-vous à genoux. Rampez. Assoyez-vous. Couchez-vous sur le plancher. Faites tout ce qu'il faut pour vous placer au niveau de votre enfant au moins une fois par jour. Vous découvrirez un bon nombre de choses en regardant le monde à travers les yeux de votre enfant.

De nouvelles découvertes

- *Vous constaterez combien grosses et terrifiantes peuvent être certaines choses.* Fermez les yeux et imaginez de quelle grosseur votre table de cuisine devrait être pour être proportionnelle à votre taille *actuelle.*

  Imaginez-vous fixant un chien dans les yeux, sachant qu'il pèse deux fois plus lourd que vous et qu'il a quatre pattes alors que vous n'en avez que deux.

  Représentez vous une personne en colère qui mesure plus de deux fois votre grandeur et qui agite vers vous une cuillère de bois qui pèse la moitié de votre poids.

Imaginez-vous assis sur un tabouret de trois mètres de haut. Toute proportion gardée, c'est ainsi qu'un enfant se sent, assis dans sa chaise haute. C'est à une bonne distance du plancher, ça.

- *Vous comprendrez combien votre enfant a une vision incomplète du monde.* Une année, j'ai décidé d'emmener un jeune ami voir les lumières de Noël de notre ville et je me suis rendu compte, après l'avoir attaché sur la banquette avant de ma petite voiture rouge, que, par la vitre, il ne pouvait même pas voir dehors!

Votre enfant peut parvenir à regarder en haut et à apercevoir les vitraux quand vous êtes assis ensemble à l'église. Il peut être en mesure de regarder autour et de voir les corps des adultes. Mais il y a de fortes chances qu'il ne puisse voir ni le prêtre ni l'autel.

J'ai récemment amené l'un de mes jeunes amis à une pièce de théâtre jouée par des enfants. L'auditoire était enthousiaste, le jeu était emballant et l'ovation debout à la fin du dernier acte était chaleureuse. Tout à coup, j'ai senti qu'on tirait sur ma jupe et j'ai entendu ces mots tristes: «Je ne vois rien!»

- *Vous découvrirez que la plus grande part du monde n'est pas stimulante parce que toutes les «bonnes choses» sont placées beaucoup trop haut.* Imaginez un monde qui ressemble au bas de votre canapé, au bord du lit, au bas de vos placards de cuisine ou à l'émail de vos appareils ménagers.

Les tableaux sont presque toujours accrochés trop haut pour qu'un enfant puisse les appré-

cier. Les choses les plus belles et les plus allé-
chantes sont presque toujours «là-haut», hors
de portée.

- *Vous comprendrez à quel point vous êtes vraiment
  désemparé en tant qu'enfant.* Les robinets, les
  poignées de porte, les sonnettes sont toutes
  hors de portée. Les toilettes sont trop grandes.
  Les vêtements sont accrochés sur des tringles
  trop hautes. Pour obtenir ou faire plusieurs
  des choses essentielles de la vie, vous devez
  avoir de l'aide. Rampez un peu dans l'univers
  de votre enfant pendant quelque temps et
  vous pourrez mieux évaluer certaines de ses
  frustrations et de ses peurs.

Des occasions nouvelles

Grâce à votre récente prise de conscience sur la
façon dont votre enfant perçoit son environnement, vous avez de nouvelles occasions de stimuler sa créativité. Prenez le temps d'indiquer certaines choses à votre enfant. Aidez-le à remarquer les
objets que vous aimeriez qu'il reconnaisse dans
son univers.

Prenez quelques objets perchés au niveau supérieur et descendez-les à son niveau. Permettez à
votre enfant de sentir et de tenir dans ses mains
certains objets, tout en étant assis à huit centimètres du plancher. Ceci donne à votre enfant un sens
du contrôle et stimule sa créativité mais, de plus, il
y a moins de risque que l'objet ne se casse s'il le
laisse tomber.

Vous aurez une nouvelle occasion de jouer avec votre enfant. Montrez à votre enfant que vous pouvez avoir du plaisir dans son monde à lui de la même façon que vous espérez qu'il en aura dans le vôtre. Vous aurez une nouvelle occasion de dire à votre enfant: «Je t'aime».

Il n'y a pas de façon plus efficace de dire «Je t'aime» à votre enfant que de le lui dire les yeux dans les yeux. Souvent, nous élevons les enfants à notre niveau. Nous les prenons sur nos genoux ou dans nos bras, ou nous les laissons se tenir debout sur leur lit pour leur dire que nous les aimons. Essayez de descendre au niveau de votre enfant et de le lui dire à partir de sa position stratégique. Il *saura* que vous êtes sincère.

13 Trouvez quelque chose à faire pour votre plaisir mutuel

*T*rouvez quelque chose à faire avec votre enfant, quelque chose que vous aimez tous les deux. Et prenez du temps avec votre enfant pour faire cette chose. Du plaisir avec vous et du temps avec vous: votre enfant ressentira une double dose d'amour.

Les ingrédients clés

Il existe cinq ingrédients clés pour réussir cette période de plaisir avec votre enfant.

- *Assurez-vous que vous aimez tous les deux l'activité choisie.* Si vous faites quelque chose seulement parce que votre enfant aime ça, vous vous en fatiguerez rapidement et vous ne voudrez plus le faire. Il en résulte que vous ne le ferez pas ou que vous le ferez sans plaisir.

- *Assurez-vous que l'activité n'est pas une chose que vous faites faire à votre enfant, mais bien une chose que vous faites tous les deux ensemble.* Ne faites pas que tenir la corde pour faire sauter votre fils. Ne faites pas qu'observer par-dessus l'épaule de votre fille pendant qu'elle joue à un jeu vidéo. Ne faites pas que regarder pendant que votre enfant fait un tour de manège.

- *Assurez-vous que l'activité ne blesse aucun de vous, que ce soit physiquement ou émotivement.* Quand des enfants et des adultes jouent à la balle au prisonnier, devinez qui est le plus souvent touché? Quand vous portez un enfant sur vos épaules à travers tout le centre commercial, qui a mal au cou?

  Les parents se retrouvent souvent à concurrencer leurs enfants dans ces jeux. Que ce soit par inadvertance ou par inconscience, ça n'en demeure pas moins de la compétition. Les enfants n'aiment pas perdre ou se retrouver dans l'embarras, pas plus que les adultes d'ailleurs. Si vous décidez de jouer un jeu compétitif avec votre enfant, assurez-vous qu'il a d'excellentes chances de gagner.

- *Ne vous limitez pas à cette activité. Demeurez flexible.* Observez vos enfants quand ils jouent avec leurs pairs. Ils peuvent changer de jeu en un clin d'œil. Ils peuvent jouer des douzaines de scénarios différents au cours d'un seul après-midi dans le parc. Il arrive fréquemment que les enfants ne terminent pas un jeu de société ou qu'ils ne jouent pas toutes les manches d'un match. N'insistez pas pour que votre enfant termine chaque partie que vous commencez. (Pressez-le parfois, mais pas à chaque fois).

  N'insistez pas pour que votre enfant respecte toujours les règles. Les enfants aiment bien créer leurs propres règles. Bien sûr, vous pouvez exiger qu'il ne change pas les règles en cours de route, une fois qu'elles sont établies. Du même coup, reconnaissez que beaucoup de jeux ont des règles facilement modifiables.

- *Choisissez une activité qui laisse de la place à l'humour.* Avoir du plaisir avec votre enfant est un *processus* et non un but. Le plaisir s'exprime par le rire, un bon sens du jeu et une délectation à le faire. Le plaisir se traduit par l'amusement. Si votre enfant et vous ne pouvez pas rire en cours de route, et si vous ne ressentez aucun plaisir dans le simple fait de *faire* quelque chose, alors, ne le faites pas. Ce n'est tout simplement pas agréable.

Quoi faire

Alors, que pouvez-vous faire avec votre enfant qui soit agréable pour vous deux, qui ne blesse personne et que vous pouvez tous deux faire sans limite de temps ni objectif à atteindre? Posez la question à votre enfant. Vous pouvez lui demander: «Nomme-moi les 10 principales choses au monde que tu aimerais le plus faire!»

Il y a de fortes chances que, parmi ces 10 choses les plus importantes pour votre enfant, vous en trouviez au moins une que vous aimez faire ou que vous aimeriez essayer. Sinon, demandez à votre enfant de vous nommer d'autres choses qu'il aimerait faire. Même si vous choisissez la 18e activité sur sa liste, vous serez surpris de voir que, si vous le faites ensemble et que vous y avez beaucoup de plaisir, cette activité deviendra l'un des 10 premiers choix de votre enfant.

Ce que votre enfant recherche, c'est votre temps, votre attention, vos rires partagés rien qu'avec lui ou elle. Du temps passé ensemble où les deux s'amusent réciproquement et exclusivement, voilà une manière certaine de dire: «Je veux être avec toi. Je t'aime.»

14 *Dites-le tout simplement*

$\mathcal{R}$ assemblez tout votre courage. Prenez le temps. Trouvez un moment d'intimité. Et soyez sincère quand vous le dites. Mais par-dessus tout, donnez de la place aux mots «Je t'aime.»

Ce n'est pas toujours facile

- *Il arrive parfois qu'il faille du courage pour dire à un enfant que vous l'aimez.* Plus l'enfant grandit, plus nombreux sont les parents qui ressentent la possibilité d'être rejetés par leur enfant. Le haussement d'épaules méprisant de la part d'un adolescent fait aussi mal que celui d'un conjoint, d'un patron ou d'un prêtre. Un rejet est un rejet. C'est le moment de rassembler votre courage. Dites: «Je t'aime» même si vous obtenez une mauvaise réaction ou pas de réaction du tout.

- *Dire à votre enfant que vous l'aimez nécessite du temps et de la discrétion.* Un «je t'aime» lancé à la légère sera perçu comme une émotion émise à la légère.

  N'essayez pas de dire à votre enfant que vous l'aimez quand il est avec ses amis ou bien même avec qui que ce soit d'autre. Trouvez un moment d'intimité.

Trouvez un moment où votre déclaration n'est liée à aucune chose que votre enfant ait gagné ou mérité. Dire «Je t'aime» à votre enfant le jour même où il a été choisi président de sa classe lui envoie un message subtil comme: «Papa m'aime *parce que* je suis le président de la classe.» Votre enfant a besoin de savoir que vous l'aimez parce qu'il est votre fils et pour nulle autre raison.

- *Soyez sincère quand vous le dites.* Votre enfant possède un radar interne pour détecter le manque de sincérité. Votre enfant sait quand vos paroles sonnent creux.

Vous pouvez ne pas ressentir une puissante poussée émotive en disant à votre enfant «Je t'aime». Bien souvent, les émotions sont plus profondes que les mots.

L'amour, c'est pour toujours

Gardez toujours à l'esprit que l'amour est bien plus qu'une émotion. C'est une déclaration de votre volonté, de votre désir, de votre état d'être tout à fait indépendante de vos émotions. Les émotions ont tendance à prendre racine dans le «moment présent». L'amour s'enracine dans le «toujours». Vous pouvez *vouloir dire* sincèrement quelque chose, même si vous ne ressentez pas de fortes palpitations cardiaques. Ne confondez pas l'émotion de l'amour avec le *fait* d'aimer. Assurez votre enfant de votre amour comme d'un fait indéniable, irréfutable et immuable dans votre vie.

Ne présumez pas que votre enfant est si sûr de votre amour qu'il sera contrarié si vous lui en répétez les mots. Aucun enfant ne se fatigue jamais d'entendre les mots «Je t'aime» d'un parent qui est vraiment sincère dans ce qu'il dit et qui choisit le bon moment et le bon endroit pour le dire.

15 Faites des prières de reconnaissance pour votre enfant

*P*riez pour votre enfant. Laissez votre enfant entendre les prières d'actions de grâces à Dieu pour lui ou pour elle. Rien ne peut donner un sens plus intime ou plus profond à votre amour.

«Dieu t'aime et je t'aime aussi.» C'est une bonne pensée à transmettre souvent à votre enfant. Affirmez cette vérité afin que Dieu et votre enfant l'entendent tous les deux.

«Merci, Seigneur, d'avoir envoyé Jessica dans notre famille pour qu'elle soit notre fille. Nous savons qu'elle est Ta précieuse fille et elle est aussi notre enfant si précieuse.»

Remerciez Dieu pour les nombreux traits de caractère merveilleux de votre enfant.

«Ô Père céleste, nous Te sommes profondément reconnaissants de nous avoir envoyé Benoît pour faire partie de notre famille. Nous nous émerveillons chaque jour de la façon dont Tu l'as créé.»

Remerciez Dieu pour les réalisations de votre enfant.

«Merci, Seigneur, d'avoir aidé Paul à compter deux buts au football aujourd'hui. Merci de lui avoir donné un corps si fort et une telle énergie pour courir et jouer si bien.»

Remerciez Dieu pour les actes de courage et de bravoure morale de votre enfant.

«Père du ciel, je Te remercie d'avoir aidé Karine à faire ce qui était bien aujourd'hui, à dire la vérité même si c'était difficile à faire. Merci de lui avoir donné le courage de ne pas raconter de mensonges.»

Remerciez Dieu pour les amis de votre enfant ainsi que pour les professeurs, les membres de sa famille.

«Merci, Père céleste, d'avoir donné à Charles un si bon entraîneur au ballon et de lui donner des amis pour jouer avec lui. Merci aussi d'avoir permis au pépiniériste Jean de «sponsoriser» l'équipe.

«Seigneur, nous Te sommes reconnaissants que tante Suzanne puisse venir passer quelques jours avec nous. Je t'en prie, permets qu'elle fasse un bon voyage et aide-nous à passer du bon temps avec elle au cours de son séjour. Nous savons qu'elle nous aime tous. Aide-nous à lui montrer combien nous l'aimons aussi. Merci qu'elle soit notre tante Suzanne.»

Remerciez Dieu de protéger votre enfant et de la garder en bonne santé.

«Père, nous te remercions d'avoir protégé Caroline pendant qu'elle jouait aujourd'hui. Merci de lui donner une si bonne santé. Merci de l'aider à se rappeler de se brosser les dents sans que nous ayons à le lui dire.»

Vous ne pouvez pas toujours être avec votre enfant. Et aucun parent ne sait combien de jours, de mois ou d'années il passera avec son enfant. Gardez le cœur de votre enfant ouvert pour recevoir l'amour de Dieu.

Demandez à Dieu d'aider votre enfant dans ses problèmes et ses besoins.

«Seigneur Dieu, je Te demande ce soir d'aider Thérèse pour qu'elle sache quoi faire et quoi dire à son amie Brigitte. Donne-lui le courage de s'affirmer et d'être capable de dire à Brigitte comment elle se sent face à son attitude rebelle envers ses parents.»

Dans vos temps de prières avec votre enfant, demandez à Dieu de vous aider à être un parent aimant.

«Père céleste, merci de nous avoir donné Carla comme fille. Aide-moi à être une bonne mère pour elle. Aide-moi à trouver de nouvelles façons de lui montrer combien je l'aime et combien je l'apprécie.»

Enfin, donnez à votre enfant l'occasion de prier pour vous. Quand vous êtes déprimé, que vous avez un problème au travail ou que vous vous sentez malade ou fatigué, demandez à votre enfant de prier pour vous. Faites-lui sentir que sa prière est importante pour vous.

Les temps de prière avec votre enfant pourraient très bien être les moments les plus intimes que vous ne puissiez jamais partager avec lui. Tirez-en le meilleur parti possible en transmettant votre amour et l'amour de Dieu à votre enfant.

16 *Les étreintes et les baisers*

*P*resque chaque enfant aime à être étreint et embrassé, même s'il ne le dit pas. Les étreintes et les baisers sont une manière importante d'exprimer votre amour à vos enfants.

Essayez de faire savoir à votre enfant ou votre adolescent que vous avez besoin d'une étreinte, d'une caresse. Vous pourriez être surpris de voir combien il est prêt à vous en donner une!

Les caresses et les baisers font sentir à votre enfant que vous appréciez sa personne physique. Les jeunes enfants se perçoivent eux-mêmes en tant que corps. Ils n'ont pas encore une conception très élaborée de leur esprit, même s'ils l'utilisent largement et s'ils agissent beaucoup grâce à lui. Ils savent cependant qu'ils ont des orteils et des bras.

Certains parents se demandent en fait comment étreindre. Voici quelques règles simples:

• Laissez votre enfant vous étreindre autant que vous l'étreignez. Ne l'étreignez pas au-delà de ce qu'il ou elle peut vous rendre aisément.

Certains enfants sont des pots de colle. Ils peuvent s'accrocher à votre cou pendant 15 minutes et ils ne semblent jamais se lasser d'être enlacés. D'autres enfants sont vifs comme l'éclair. Ils veulent bien vous enlacer pendant 5 secondes et ensuite, ils s'en vont vers une autre activité. Cependant, les enfants vifs comme l'éclair peuvent venir une douzaine de fois chercher une caresse de 5 secondes. N'essayez pas de retenir l'éclair et ne repoussez pas le pot de colle.

- Soyez conscient des besoins et des humeurs de chaque enfant et de ses moyens de vous exprimer son amour.

  N'insistez pas pour étreindre une enfant si elle ne veut pas être étreinte. Si l'enfant dit non par ses paroles ou par son langage corporel, acceptez cela comme étant son humeur du moment et répondez simplement: «Eh bien, peut-être plus tard». Ne forcez pas une étreinte.

- Gardez les baisers légers et enjoués.

  Devriez-vous embrasser un enfant sur la bouche? Vraisemblablement pas, à moins que ce ne soit votre propre fils ou votre propre fille. Et encore là, seulement si votre enfant se sent à l'aise avec ce genre de baiser. Les enfants vont souvent vous embrasser spontanément avec un gros baiser mouillé sur la bouche. Recevez-le en disant: «Wow, qu'est-ce que j'ai fait pour mériter ça!»

- Quand l'enfant atteint la puberté, donnez plutôt une accolade. Ou passez vos bras autour de ses épaules ou de sa taille, par-derrière, pendant qu'il est assis ou qu'elle est étendue sur le canapé ou sur un banc.

Par-dessus tout, faites en sorte que vos caresses et vos baisers soient innocents et non pressants, mais continuez à les prodiguer. Votre enfant a toujours besoin de savoir que vous aimez sa personne physique, c'est un besoin fondamental. Un enfant dont les parents rejettent le corps physique qu'ils considèrent intouchable aura beaucoup de difficulté à entendre leurs «Je t'aime».

17 Offrez des fleurs à votre enfant

L e fait d'offrir des fleurs est un puissant message d'amour, tant dans notre culture que dans plusieurs autres. Les fleurs peuvent exprimer:

- l'amour dans des temps de réjouissances.
- l'amour dans des temps de peine profonde.
- l'amour en termes d'appréciation.

Offrez des fleurs à votre enfant dès son jeune âge. Il ou elle s'en souviendra plus tard et dira: «Hmmm... les fleurs, ça signifie l'amour en ce monde. Maman et papa m'en ont toujours offert. Maman et papa m'aimaient alors et ils m'aiment encore maintenant.»

Donnez des fleurs tant à votre fils qu'à votre fille, sans discrimination. Glenda a déjà dit à son fils, à qui elle apportait spontanément un bouquet de marguerites: «Ceci est un exemple du proverbe «Fais aux autres ce que tu aimerais que l'on te fasse.» En tant que femme, et pas uniquement en tant que mère, je te donne ces fleurs pour te faire comprendre en quoi *chaque* femme que tu rencontreras sera heureuse de recevoir des fleurs de toi.»

Utilisez les fleurs comme moyen de cultiver chez votre enfant une appréciation de la beauté. Montrez-lui de beaux jardins fleuris quand vous roulez en voiture dans les rues de votre ville. Faites-lui remarquer les jolies fleurs quand vous marchez avec lui ou avec elle. Ainsi, offrir des fleurs ne sera pas seulement un cadeau d'amour mais aussi un hommage à la beauté.

- Surprenez votre enfant avec des fleurs.

  Robert, à son retour de l'école, ne s'attendait pas à trouver un bouquet de roses dans sa chambre laissée en très grand désordre. Le petit mot sur les fleurs disait: «Je t'aime, même si je ne peux pas supporter le désordre de ta chambre.»

  La mère de Robert est rentrée tard du travail, ce soir-là, et en jetant un coup d'œil dans la chambre de Robert pour lui dire bonne nuit, elle a découvert une chambre bien mieux rangée. Et dans sa propre chambre, elle a trouvé une des roses avec un petit mot: «Je t'aime aussi, maman!»

  Shari ne s'attendait pas à recevoir des fleurs à la fin de sa première leçon de piano. «Les pianistes de concert reçoivent habituellement des fleurs quand ils terminent leur récital», expliqua la mère. Je ne m'attends pas à ce que tu deviennes une pianiste de concert, mais j'espère vraiment que tu aimeras toujours tes propres interprétations au piano.»

- Offrez des fleurs à un enfant aux mêmes occasions que vous en offririez à un adulte.

Après la mort de son chien, Tom a trouvé dans sa chambre un bouquet de fleurs du jardin. Le message disait simplement: «Je suis désolée. Amour. Maman.»

Quand Lisa a eu 16 ans, elle a reçu une douzaine de roses roses, livrées à l'école. «Bon anniversaire, mon cœur. Avec amour, papa et maman.»

- Donnez à votre enfant une plante, un arbre ou un arbrisseau pouvant être transplantés dans votre jardin. Laissez votre enfant vous aider à les transplanter. André a reçu un arbre en cadeau le jour où il a enfin atteint la marque du mètre vingt sur la toise posée derrière la porte de sa chambre. «Tu grandis vraiment vite, fiston. Aidons aussi quelque chose à grandir. Avec amour, papa.» Le père et le fils ont planté l'arbre ensemble et les parents se sont aperçus qu'André parlait fréquemment de son arbre.

Presque 20 ans plus tard, au cours d'une visite chez grand-mère et grand-père, André a dit à sa fille de 6 ans: «Tu vois cet arbre? C'est l'arbre du jour où j'ai mesuré 1 mètre 20. Quand tu l'atteindras toi aussi, nous planterons un arbre ensemble dans *notre* cour!»

Dans notre famille, nous avions une rangée d'azalées. Je peux encore la longer en marchant et dire: «Celle-ci, c'est celle que papa a offerte à maman quand je suis née; et celle-là est celle que j'ai donnée à maman pour ses 50 ans; et celle-ci, nous l'avons reçu quand grand-papa est décédé.» Cette plate-bande d'azalées est plus que belle; elle est notre histoire.

Les fleurs amoindrissent le choc de certains événements pour votre enfant. Elles rendent certains moments encore plus mémorables. Les fleurs donnent à votre enfant des preuves tangibles et visibles de votre amour. Partagez-les généreusement.

18 *Acceptez de laisser aller*

L es deux plus grandes choses que les parents puissent jamais donner à leurs enfants, c'est une solide base d'amour et une paire d'ailes.

- Encouragez votre enfant à explorer son univers. En tant que parent, vous avez l'obligation de placer des bornes et des limites pour votre enfant mais, à l'intérieur de ces limites, laissez votre enfant explorer librement.

  La limite peut être la clôture de la cour arrière. La ligne de démarcation peut se trouver «du banc à l'arbre et au bac à sable» dans le parc. La frontière peut être «notre pâté de maisons».

- Procurez des livres d'aventures à votre enfant, surtout des biographies d'explorateurs, de missionnaires, de voyageurs, d'aventuriers. Donnez des ailes à son imagination. Dites à votre enfant: «Il n'y a personne d'autre que toi avec qui j'aimerais mieux partager ce monde. Je veux que tu aies la liberté de poursuivre tes intérêts et d'explorer à fond ton univers.»

- Encouragez votre enfant à entretenir des relations avec des enfants de son âge aussi bien

74

qu'avec d'autres adultes bienveillants. Donnez à votre enfant la «permission» d'aimer d'autres personnes et de se créer des souvenirs dont vous ne faites pas partie.

- Encouragez votre enfant à explorer son propre potentiel et à prendre des risques de créativité, d'effort et de don.

Alice désirait prendre des leçons de ski depuis toujours. Sa mère avait peur de la laisser aller sur les pentes parce qu'elle-même s'était fracturé une jambe en apprenant à faire du ski quand elle était enfant. Alice s'est pourtant très bien débrouillée.

Quand Paul a demandé s'il pouvait passer une audition pour faire partie de la chorale des garçons, ses parents furent étonnés. Ils ne l'avaient jamais entendu chanter. D'ailleurs, un instituteur d'école maternelle leur avait même dit que Paul n'avait pas l'oreille musicale. «Es-tu certain?», demanda la mère. «Oui», dit Paul, «c'est quelque chose que je veux essayer.» Il l'a fait. Il a participé à la chorale. On lui a même donné un solo à chanter lors d'un concert.

Une de vos principales responsabilités en tant qu'adulte est de préparer votre enfant à quitter la maison un jour. Adoptez des phrases comme:

- «Quand tu visiteras ce pays un jour...»
- «J'ai hâte de voir comment tu décoreras ton propre appartement un jour...»
- «Au cas où tu aurais à voyager un jour, pour ton emploi ou pour ta propre entreprise...»

Utilisez ces phrases pendant que vous enseignez des techniques importantes à votre enfant, que ce soit cuisiner, repriser, faire des emplettes, des paquets ou coudre.

Quand votre enfant se rebelle contre une règle que vous avez établie ou qu'il remet en question vos capacités de parent, vous pouvez toujours lui dire:

- «Un jour, quand tu seras adulte et responsable de toi-même, tu pourras choisir de...»

La sécurité des enfants n'est pas attribuable au fait que vous les protégiez sous vos jupes; elle est de savoir qu'ils ont la liberté d'être avec vous et la liberté de voler de leurs propres ailes.

«Un des sons qui me manquent le plus depuis que Julien est parti au collège, c'est le claquement de la porte-moustiquaire», disait sa mère Gladys. «Très tôt, Édouard et moi avons décidé de mettre un loquet très bas sur cette porte pour que Julien puisse entrer et sortir de la maison quand il le voulait. De cette façon, nous n'étions pas dérangés et il n'était pas frustré. Il a dû sortir et entrer des centaines de fois par jour. Nous exigions, bien sûr, qu'il tue toutes les mouches qu'il laissait entrer! Nous croyions que c'était important que Julien sache que nous étions toujours ici quand il avait besoin de nous mais, en même temps, nous nous attendions à ce qu'il sorte et qu'il fasse sa marque dans le monde.»

C'est votre tâche, en tant qu'adultes, de préparer votre enfant à assumer son rôle d'adulte dans notre société. Sevrez votre enfant. Favorisez sa croissance et son indépendance. Laisser aller est l'un des plus grands dons d'amour que vous ne ferez jamais à votre enfant.

19 *Un petit mot-surprise*

P lacez un petit mot-surprise dans un coin de la vie de votre enfant. Dites-lui «Je t'aime» au moment où il s'y attend le moins.

Ça pourrait être un petit mot collé au fond de sa «boîte à lunch»: «Salut. Je t'♥!»

Ça pourrait être un petit mot attaché à une chaussette dans sa valise quand il part pour son camp d'été: «Je t'aime!»

Ce pourrait être un message sur une feuille dans le cartable de votre enfant. «Je prie pour toi aujourd'hui!»

Il pourrait s'agir de la photo d'un gros poisson que votre enfant découvrirait parmi son équipement de pêche lors de sa première expédition de pêche durant laquelle il couche en forêt. «Je te souhaite beaucoup de chance!»

Johanne m'a parlé récemment d'une habitude que sa mère a depuis 25 ans. Sa mère enlève les étiquettes autocollantes sur les fruits — bananes, melons et autres — et les place immédiatement quelque part dans la chambre de ses enfants, sur leurs vêtements ou à travers leurs objets. Tout au long de leur croissance, Johanne et ses deux frères ont trouvé des étiquettes de «bien mûres» et «bananes Chiquita» sur les pages de leurs livres d'école, sur les miroirs de leurs chambres, sur l'étiquette de leur blouse ou de leur tee-shirt préféré, à l'intérieur d'un gant de toilette dans la salle de bains, autant d'endroits aussi inattendus que possible. Le message transmis était et est encore très simple: «Je pense à toi. Je t'aime même de loin.»

Tout dernièrement, le frère de Johanne lui a téléphoné d'Amérique centrale pour lui dire: «Tu ne devineras jamais ce que je viens de trouver, collé sur une pile de sous-vêtements, alors que je défaisais ma valise en revenant d'une visite chez maman. C'est bien ça, une étiquette portant la mention: «Frais!»

Des mots d'encouragement

Pour un enfant, les mots d'encouragement sont des synonymes de «Je t'aime».

«C'est ça, vas-y!»
«Je suis fier de toi.»
«J'ai confiance en toi.»
«Je sais que tu es capable.»

Trouvez un endroit original pour le message. Choisissez une place où vous savez à 100 % que votre enfant le découvrira, mais où il sera également surpris de le trouver. Toutes ces phrases disent à un enfant: «Maman et papa croient en moi. Ils m'aiment assez pour me le dire.»

Pour un enfant, il y a également des messages qui sont immédiatement compris comme une façon de plus de dire: «Maman et papa sont avec moi. Ils croient en moi. Ils m'aiment assez pour me soutenir.» Pour votre enfant, un compliment sincère et un remerciement sont également perçus comme des messages d'amour.

Sylvain a mis un jour sa main dans son gant de base-ball et il en a sorti le message: «Le gant d'un champion.» Ça lui a accroché un sourire aux lèvres et lui a apaisé le cœur alors qu'il se dirigeait au champ droit pour la première manche de la partie de championnat.

«Une héroïne, une vraie recrue.» C'était le petit mot laissé à proximité d'une assiette de biscuits aux brisures de chocolat quand Thérèse est revenue d'une longue journée de ramassage d'ordures le long de la route avec son groupe d'éclaireuses.

Un père a loué un panonceau en bois et l'a fait placer devant la maison familiale: «La résidence du meilleur élève de troisième année du monde.»

Un autre parent a utilisé la craie de sa fille pour lui écrire un message gigantesque dans l'entrée de leur maison.

Des messages de sincérité

Vos petits mots n'ont pas besoin d'être compliqués ou chers. Il n'est pas nécessaire qu'ils soient quotidiens. Ils n'ont pas à être vus par quelqu'un d'autre que votre enfant. Ils doivent seulement être sincères. Vous pouvez les écrire sur le papier d'emballage d'une barre Granola dans un sac à dos, sur une feuille de carnet glissée dans la manche d'un veston ou sur un bout de ruban adhésif collé sur un ballon.

Faites de vos manifestations d'amour une surprise. Votre enfant saura: «Maman m'aime même quand je suis loin de sa vue. Papa se préoccupe de moi, même si je ne m'en aperçois pas.»

20 «Tu dois t'en sortir» ou «Surmonte ça» peuvent être des messages d'amour

*T*out au long de la croissance de vos enfants, vous ferez face à des moments où les messages: «Tu dois t'en sortir!» ou «Surmonte ça!» peuvent être la plus importante marque d'intérêt et d'amour que vous puissiez montrer à votre enfant.

«Décroche de cette situation» est une autre façon de dire: «Je t'aime trop pour te laisser grandir et devenir un être pitoyable.» Vous devez être attentifs à deux types de comportement qui peuvent, au bout du compte, conduire votre enfant à la détresse: les pleurnicheries et les jérémiades.

Les pleurnicheries

L'enfant pleurnichard est un enfant bien triste à côtoyer. Bien des adultes ne se rendent pas compte que si un enfant pleurniche, c'est en fait parce qu'il est triste lui-même.

Qu'est-ce qui cause les pleurnicheries? En général, l'enfant pleurniche parce qu'on n'a pas répondu à ses attentes. L'enfant veut quelque chose qu'on ne lui donne pas. Ça peut être de l'attention, un jouet, un deuxième bonbon, une faveur ou la reconnaissance d'un adulte, une permission, une quelconque récompense. Tout ceci pouvant se réduire à ne pas avoir comblé ou reconnu chez l'enfant un désir ou l'expression d'une volonté.

Dites simplement mais fermement à votre enfant: «Je refuse de te permettre de grandir d'une façon aussi misérable. Je n'accepte pas les pleurnicheries. Non seulement tu n'auras pas ce que tu veux, mais tu seras puni dans ta chambre. Je n'écouterai pas tes lamentations. Je veux voir un visage heureux et, plus important encore, une attitude joyeuse. Tu peux choisir d'être heureux ou satisfait dans cette situation. Tu peux choisir d'accepter ce que tu as et en être reconnaissant. Tu peux choisir d'accepter qu'on te dise non.»

Si votre enfant continue à pleurnicher, donnez suite à vos paroles. Envoyez-le dans sa chambre ou loin du groupe. L'isolement arrête les pleurnicheries plus efficacement que n'importe quelle autre punition. Allez le retrouver plus tard. S'il recommence à pleurnicher, laissez-le seul ou renvoyez-le dans sa chambre. En fait, laissez votre enfant seul jusqu'à ce que vous obteniez une réponse positive à votre question: «Es-tu prêt à nous rejoindre d'un cœur joyeux?»

Les jérémiades

Il arrive souvent qu'une enfant pleure parce qu'elle souffre vraiment. Elle peut avoir commis une erreur, s'être placée dans une situation embarrassante, avoir été rejetée ou avoir vécu une peur réelle ou imaginaire. Le fait de pleurer dans de telles circonstances est une réaction adéquate de l'enfant et la réaction adéquate des parents est de la prendre dans leurs bras et de la réconforter.

Il arrive d'autres moments où l'enfant pleure tout simplement parce que les choses ne vont pas comme elle voudrait. Elle ne veut pas qu'on la laisse seule avec la «baby-sitter». Elle ne veut pas entrer dans sa nouvelle salle de classe. Elle ne veut pas que son grand-frère reprenne son camion. Ces jérémiades ne sont que de la manipulation, elles sonnent faux. Presque tous les parents peuvent en une seconde faire la différence entre des vraies larmes et des larmes de crocodile.

La vie offre bien des défis à votre enfant, beaucoup d'inconnu et de nombreux risques. Mais votre enfant aura le courage de faire face à ces défis s'il sait que: «Maman croit que je suis capable de faire ça.» N'ajoutez pas aux doutes de votre enfant par un comportement qui convaincra votre enfant qu'il ne peut pas faire face à la situation: «Tu as peur, alors je vais rester avec toi.»

Que votre enfant sache qu'il y a des moments difficiles dans la vie, mais qu'il est capable de les assumer. «Je sais que ça peut te paraître effrayant ou difficile à faire, mais je sais aussi que tu es capable de le faire. Tu as tout ce qu'il faut pour tirer le meilleur parti de cette heure sans moi. Tu as tout le potentiel pour faire de ce moment difficile un moment fantastique.»

Aimez assez votre enfant pour l'inciter à avoir une attitude joyeuse et positive. «Mais ce n'est pas ça la personnalité de mon fils», pouvez-vous dire.

L'une des phrases les plus répétées dans la Bible est celle-ci: «N'ayez pas peur. Réjouissez-vous!» Ces paroles sont citées comme des commandements. La peur n'est pas un comportement acceptable; la joie est nécessaire. En tant que parent, vous avez le privilège de dire à votre enfant: «Réjouis-toi. Et je te le dis encore, réjouis-toi.»

21 Donnez des souvenirs de famille à votre enfant

*D*onnez à votre enfant des objets qui disent: «Je t'aime tellement que je veux te donner cette chose qui m'est très chère.» Qu'est-ce qui fait d'une chose un souvenir de famille? Le fait que vous l'aimiez et que vous le considériez comme un objet important, ou le fait que vous l'ayez confectionné vous-même et qu'il représente donc votre temps, vos efforts et votre habileté.

Quoi donner

Ce pourrait être:

- un album de photos de famille;
- un couvre-pied;
- un tableau;
- une bible familiale;
- un livre rare;
- une collection de timbres ou de pièces de monnaie;
- un meuble;
- un instrument de musique;

- une montre;
- toute chose à laquelle vous accordez beaucoup de valeur.

De tels cadeaux expriment à l'enfant: «Je suis contente que tu fasses partie de cette famille. En tant qu'enfant chéri, tu mérites les trésors familiaux.»

Quand le donner

Quand devez-vous donner ces souvenirs à un enfant? Quand vous êtes prêt à les laisser aller et à ne jamais les reprendre.

Dans certains cas, surtout quand il s'agit de choses fragiles ou faciles à perdre, vous pourrez dire à votre enfant: «Ceci t'appartiendra un jour. Je désire que ce soit à toi et que tu l'apprécies au point de vouloir à ton tour le donner à quelqu'un qui t'est cher autant que tu m'es cher.» Inscrivez le nom de votre enfant sur l'objet en question.

Dans d'autres cas, vous souhaiterez peut-être conserver l'objet en haut d'une étagère ou sous verre pour le protéger jusqu'à ce que votre enfant soit assez grand pour en prendre bien soin. Mais après avoir donné à un enfant un objet que vous considérez comme un bien de famille, ne le redemandez pas, ne le cherchez pas, ni pensez même pas. Considérez-le comme donné, transmis et ne vous appartenant plus. Il y a toujours le risque que votre enfant ne lui accorde pas autant de valeur que vous. Ne vous laissez pas envahir par la déception ou le ressentiment. Si vous pensez que vous souffrirez de voir l'objet endommagé, perdu ou ignoré, gardez-le pour le donner plus tard ou laissez-le avec les autres biens que vous léguerez à votre enfant.

Donner des objets de famille à votre enfant contient deux messages: «Je t'aime assez pour te donner cette chose qui m'est chère. Et j'espère que tu vivras longtemps, que tu réussiras et que tu prolongeras la qualité et les caractéristiques de notre famille jusqu'à une autre génération. C'est dans ce but que je te donne ce trésor familial.» Ces deux messages sont chargés d'amour.

22 *Présentez votre enfant*

N e laissez pas votre enfant garder l'incogni-
to. Présentez-le. Reconnaissez-le. Qu'il soit
présent là où vous allez et avec les personnes que
vous rencontrez.

L'enfant qu'on ne présente pas peut facilement
conclure: «Papa a honte de moi. Maman m'a oublié. Je ne vaux pas grand-chose. Ils doivent préfé-
rer l'attention de cette personne à la valeur de mes
sentiments.» De là à ce que votre enfant se sente de
trop et pas aimé, il n'y a pas un grand pas à franchir.

Intégrez votre enfant

Votre enfant peut apprendre des choses sur
vous en étant admis dans vos conversations avec
d'autres adultes. Il peut découvrir que vous êtes un
membre apprécié d'un autre groupe, d'un milieu
de travail, d'un club ou d'une association reli-
gieuse. Il peut s'apercevoir que, dans votre passé,
vous étiez en grande partie comme lui.

Si vous devez discuter de choses intimes avec
un adulte que vous rencontrez, demandez à votre
enfant de vous laisser seul quelques minutes avec

cette personne. «Ma chérie, je suis certain que cette conversation militaire va t'ennuyer. Tu pourrais aller voir le manège Zingo et je t'y rejoindrai dans quelques minutes.» Ou encore: «Fiston, j'ai besoin de rester seule quelques minutes avec madame Gallant pour lui poser une ou deux questions. Voudrais-tu porter ces paquets dans la voiture?»

Quand vous êtes les hôtes d'une fête, ne reléguez pas vos enfants dans un coin où ils ne vous dérangeront pas. Présentez-les à différents invités. Laissez-les goûter la nourriture que vous servez. Laissez-les partager un peu l'ambiance de la fête. Ensuite, vous pouvez les envoyer au lit ou les inviter à aller jouer dehors.

Enseignez à votre enfant

Enseignez à votre enfant:

- à adresser la parole à des adultes. (Donnez-lui toujours une indication. «Voici madame Gallant.» «Je te présente le docteur Jolivet.» Incitez votre enfant à donner aux adultes leur titre et leur nom de famille.

- à donner une main ferme.

- à accepter les compliments. (Un simple merci est habituellement suffisant).

- à interrompre poliment. (À dire: «Excusez-moi» plutôt que de tirer sur la manche de quelqu'un).

Le fait d'intégrer votre enfant dans des conversations d'adultes apporte deux choses à votre enfant. D'abord, ça dit à votre enfant que vous lui accordez assez de valeur pour l'intégrer et que vous appréciez également sa présence.

Ensuite, ça lui enseigne des techniques importantes de communication. Ça dit à votre enfant: «Je veux que tu sois toujours capable de parler à n'importe qui, n'importe quand. Je veux qu'ils se souviennent de toi quand ils te rencontrent. Tu vaux la peine qu'on se souvienne de toi.» Un enfant qui est intégré se sent aimé.

23   *Prêtez une oreille attentive*

É coutez votre enfant. Ça peut paraître simpliste mais l'axiome suivant est généralement vrai: Écoutez votre enfant et il y a de fortes chances qu'il vous écoutera.

Libérez votre emploi du temps

Dans votre routine quotidienne, établissez un temps où votre enfant sait qu'il peut toujours vous parler, qu'il choisisse de le faire ou pas. Ce pourrait être pendant que vous préparez le repas ou au cours des heures tranquilles de la soirée quand vous vous préparez pour la nuit. Ce pourrait être aussitôt que votre enfant rentre de l'école ou dans la voiture, quand vous le conduisez à l'école.

Réservez un temps pour être avec votre enfant. Rendez ce temps disponible à votre enfant. (Assurez-vous que les appels téléphoniques de votre enfant pourront toujours vous être transmis par la secrétaire ou la réceptionniste).

Libérez votre esprit

Libérez votre esprit de façon à pouvoir vraiment «entendre» ce que votre enfant vous dit. Bien souvent, la première chose que votre enfant vous dira n'est pas ce qu'il veut réellement partager avec vous. Apprenez à lui poser des questions sans l'interroger. Demandez: «Comment ça s'est passé en algèbre aujourd'hui?» au lieu de: «As-tu réussi?»

Posez à votre enfant des questions auxquelles il ne peut pas répondre uniquement par oui ou non. Demandez: «Quelle est la meilleure chose qui te soit arrivée à l'école aujourd'hui?» au lieu de: «As-tu passé une bonne journée à l'école?»

Aidez votre enfant à sortir de sa journée de travail. Aidez-le à décompresser. Demandez-lui: «As-tu entendu de bonnes blagues aujourd'hui?» au lieu de: «As-tu beaucoup de devoirs à faire?»

Entrez dans ce temps d'écoute avec un esprit positif. «Je sens à coup sûr que quelque chose sera bientôt ajouté à la liste des prières. Tu veux m'en parler?»

Évitez le désordre

Faites cesser les bruits ambiants et les autres conversations. Fermez la télévision ou la radio de la voiture. L'absence de distraction peut favoriser l'ambiance d'écoute.

- Offrez à votre enfant un goûter au milieu de l'après-midi, et assoyez-vous pour le partager avec lui.

- Lisez avec votre enfant pendant quelques minutes. C'est souvent le moment où votre enfant aime échanger quelques mots de plus avec vous.

- Assoyez-vous sur le bord de son lit pendant quelques minutes après — ou avant — les prières du soir.

Un enfant qui sait que vous prêtez une oreille attentive est un enfant qui sait que vous avez un cœur aimant.

24 *Envoyez une carte*

*D*onnez à votre enfant le plaisir et l'excitation de recevoir une carte lui étant personnellement adressée dans la boîte aux lettres! Vous êtes-vous déjà aperçu que ce sont les adultes qui reçoivent tout le courrier? Du point de vue de l'enfant, «recevoir du courrier» est une activité d'adultes, y compris en faire le tri, l'ouvrir et le mettre de côté. Quand un enfant reçoit un courrier quelconque à son nom, adressé spécifiquement à lui dans sa maison, ce n'est pas seulement une petite fête, mais c'est un important message à trois volets qu'il reçoit en même temps:

- Tu es une partie importante de ce monde, tu es aussi important qu'un adulte. Les systèmes des adultes peuvent aussi servir aux enfants et être utilisés par eux. Grandir, c'est aussi apprendre à se servir de ces systèmes.

- Tu as une place à cette adresse, dans ta maison.

- Tu as un contrôle complet du courrier que tu reçois. C'est ton privilège de l'ouvrir, de le conserver ou de le jeter, de le lire ou pas, et d'y répondre ou pas.

Les cartes soulignent par l'écriture ce que vous dites verbalement à votre enfant. Les enfants peuvent tenir une carte dans leurs mains. En la touchant et en la «possédant», ils appréhendent son message autrement qu'en entendant des paroles. Les enfants peuvent relire une carte, et la relire encore. Les enfants pensent d'une manière concrète. Ils croient souvent davantage un message écrit qu'un message verbal simplement parce qu'ils peuvent le voir et le toucher.

Les jeunes enfants transporteront souvent leurs cartes avec eux jusqu'à ce qu'elles soient tout déchirées et entièrement décolorées. «C'est à moi, c'est la mienne.» disent-ils. Ma carte, ma mère et mon père (ou ma tante, mon oncle, mes grands-parents, mon parrain ou mon ami), ma relation aimante.

Les cartes sont également un moyen extraordinaire, pour les parents qui voyagent beaucoup, d'envoyer des messages d'amour à leurs enfants.

Le père de Renée est camionneur. Il lui envoie des cartes qu'elle reçoit souvent après qu'il soit rentré de sa tournée. Néanmoins, elles sont importantes pour elle car elles expriment que, même si son père passe beaucoup de temps loin de la maison, il la porte dans son cœur.

Souvenez-vous également de vos enfants quand vous envoyez des cartes de souhaits traditionnels. Martine, qui a huit ans, a un album rempli de cartes et de photos d'anniversaire. Elle conserve une carte de sa tante, de ses grands-parents paternels et maternels et de ses parents pour chaque anniversaire, même pour les deux premières années de sa vie dont elle ne se souvient pas.

Les cartes sont un bon moyen de communiquer avec votre enfant qui est parti en colonie de vacances ou en visite chez un parent. Essayez d'envoyer une carte humoristique. La mère de Germain l'a fait en y ajoutant un petite mot: «J'ai pensé que tu aurais besoin de rire en ce moment.» Elle était loin de se douter que la carte arriverait le jour même où son fils était tombé dans les orties.

Finalement, pour votre enfant, les cartes sont une façon de montrer aux autres que vous vous préoccupez de lui. Elles sont une évidence subtile mais importante: «Ma maman m'a envoyé ceci. Ma maman m'aime.» Le fait de sentir votre amour est d'une importance capitale pour votre enfant. Il est également capital pour votre enfant de pouvoir proclamer ouvertement la réalité de votre amour à d'autres personnes.

Vous devriez également vous sentir à l'aise de fabriquer vos propres cartes. Organisez périodiquement une séance de découpage et de collage avec votre enfant. Laissez-la découper les illustrations sur d'autres cartes que vous avez reçues pour les transformer en cartes nouvelles. Ensuite, ne vous gênez pas pour envoyer une de ces cartes à votre enfant avec votre message d'amour et d'estime. «Merci, trésor, de nous avoir aidés à sauver un arbre.» Ou: «Je n'aurais pas pu le faire sans toi!»

- Les cartes ne coûtent pas cher.
- Ce n'est pas long de les choisir et de les poster.

- Elles vous offrent un «fond» de pensées sur lequel peuvent s'appuyer d'autres points qui vous semblent plus difficiles à aborder dans une rencontre face à face.

Tout bien considéré, les cartes sont une excellente façon de dire «Je t'aime» à un enfant.

25 Projetez la réalité de votre amour dans l'avenir

*P*artagez avec votre enfant une vision de l'avenir où vous lui exprimez ce que vous espérez pour lui dans sa vie future et même pour l'éternité. Dans cette vision, incluez votre amour et une relation aimante avec votre enfant. Laissez savoir à votre enfant que vous vous attendez à ce que votre amour pour lui dure toujours.

Ceci ne signifie *pas* que vous devriez dire à votre enfant ce que vous attendez de lui dans l'avenir, ni même quelle carrière il devrait choisir. Insistez sur le fait que votre enfant prépare son avenir en acquérant certaines techniques, ça va de savoir faire son lit jusqu'à rester à l'école. Mais par-dessus tout, réjouissez-vous avec votre enfant alors qu'il découvre son propre potentiel et prend ses propres décisions quant à sa carrière.

Ce que vous *pouvez* dire à votre enfant, ce sont des choses comme celles-ci:

- *«Il me tarde de voir ce que seront nos vies dans 50 ans d'ici. Tu me diras probablement d'attacher ma ceinture de sécurité en allant à l'épicerie, comme je te le dis maintenant. Quelle sorte de voiture crois-tu que nous conduirons?»*

- *«J'ai hâte au jour où tu m'inviteras chez toi pour dîner. J'espère que nous pourrons rire et avoir du bon temps dans ta cuisine comme nous en avons maintenant dans la mienne. Je me demande ce que tu prépareras? Qu'en penses-tu, des hot-dogs ou des hamburgers?»*

- *«Tu me manqueras quand tu partiras pour le collège. La vie apportera moins de surprises, comme celle de découvrir ce qui se cache sous ton lit. La vie sera également plus tranquille. Je ne sais pas si je saurai profiter de l'occasion d'utiliser le téléphone quand je le veux! Ce sera agréable, cependant, de voir quelle orientation tu choisiras.»*

Intégrez vos conceptions de votre future relation d'amour dans le cours normal de votre vie quotidienne. Permettez à votre enfant de commencer à s'imaginer la relation parent-enfant chaleureuse que vous aurez dans l'avenir. Dites-lui que vous espérez faire toujours partie de sa vie comme une personne sur laquelle il peut compter.

Ceci ne signifie *pas* que vous devriez lui faire comprendre que vous vous attendez à vivre toujours avec votre enfant et que vous désirez que votre enfant reste toujours dépendant de vous. Bien au contraire. Qu'il soit clair que vous vous attendez à ce que votre enfant soit un jour un adulte indépendant et que vous avez hâte de communiquer et de vivre une relation avec lui en tant qu'adulte. Qu'il soit clair que, même si la nature de votre relation change, l'amour entre vous ne diminuera jamais.

- Après une conversation avec votre enfant sur un sujet sérieux où des émotions difficiles à exprimer ont été partagées, vous pourriez vouloir conclure ainsi: «J'espère que nous aurons toujours de bonnes conversations comme celle-ci. J'espère que tu sentiras toujours que tu peux parler avec moi.»

- Après un moment de blagues, de plaisir et d'amusement, dites à votre enfant: «Je ne peux m'imaginer ne pas pouvoir rire avec toi pendant les millions d'années à venir!»

- Après un moment de punition, pressez votre enfant contre vous et rassurez-le: «Sais-tu une chose? Un jour, tu seras trop grand pour que je te donne une fessée, mais tu ne seras jamais trop grand pour que je te serre dans mes bras!»

Faites également savoir à votre enfant que vous croyez en sa capacité d'être un bon citoyen qui respecte les lois. Exprimer à votre enfant votre foi en lui, en sa capacité d'être bon, et en ses chances de réussite; c'est autant de façons de dire: «Je t'aime et à la lumière avantageuse de mon amour, je peux voir en toi de merveilleuses qualités.»

L'amour signifie que vous espérez le meilleur succès possible pour votre enfant, que vous croyez en sa bonne nature et que vous comptez sur lui pour offrir ses meilleurs dons au monde entier. Partagez cette vision aimante avec votre enfant, c'est une façon de transmettre le message: «Mon amour pour toi ne finira jamais.»

26 *Favorisez les blagues privées et inventez-en*

*P*artagez suffisamment d'expériences avec votre enfant et vous vous retrouverez avec un bon paquet de blagues privées: des souvenirs amusants, des taquineries rien-qu'à-vous-deux que votre enfant appréciera toute sa vie. Votre enfant saura que «papa et moi, on s'amuse bien quand on est ensemble. Maman et moi, on rit beaucoup. On est sur la même longueur d'onde. Nos cœurs battent à l'unisson.»

Mon grand-père avait cette habileté merveilleuse de communiquer son amour par un clin d'œil (accompagné d'un léger sourire). Peu importe ce que grand-mère disait ou ce que maman faisait, peu importe l'endroit ou les circonstances, grand-papa pouvait m'envoyer une grande dose d'amour directement de son cœur jusqu'au mien comme un éclair. J'étais toujours surprise quand il se retournait vers moi et me faisait un clin d'œil. Ça me faisait toujours plaisir.

Qu'est-ce qui crée une blague intime? Un moment de taquinerie où vous vous amusez tous les deux, un sens de l'humour partagé sur ce qui est drôle dans le monde, une capacité à rire de la condition humaine.

Les taquineries ne sont pas amusantes quand celui qui est l'objet de la taquinerie ne l'apprécie pas. À ce moment-là, la taquinerie est considérée comme du harcèlement. (Les frères et les sœurs s'en aperçoivent souvent plus vite que les parents).

Quelques lignes directrices

Assurez-vous de suivre certaines lignes directrices pour les taquineries:

- Ne taquinez votre enfant que si vous acceptez d'être taquiné en retour.

- Même dans les taquineries, respectez votre enfant. Ne le taquinez pas sur ses erreurs, ses réalisations ou tout comportement que vous ou votre enfant essayez de changer (ou qui, selon vous, devrait être changé). Autrement dit, ne taquinez pas votre enfant à propos d'une chose pour laquelle il peut avoir un certain contrôle. Taquinez-le pour une drôle de cravate qu'il choisit de porter, mais jamais au sujet de son poids ou de son bégaiement.

- Ne taquinez jamais votre enfant devant ses amis ou devant des étrangers.

- Taquinez-le essentiellement en évoquant des situations imaginaires. («Nous aurons de sérieux problèmes si jamais nous amenons Gabriel au zoo. Tu imagines un éléphant qui viendrait le saluer comme son chien vient de le faire»)!

- Taquinez toujours avec amour, jamais pour enseigner ou pour punir.

Encouragez les rires

Faites comprendre à votre enfant que le rire est d'une utilité merveilleuse dans notre monde. Riez tout haut quand vous allez au cinéma avec votre enfant. Riez fort devant le clown au cirque. Riez tout haut en regardant les dessins animés avec votre enfant.

Je n'ai jamais rencontré un jeune enfant qui ne trouve pas une certaine dose d'humour dans la comédie burlesque, dans les blagues genre «tarte à la crème». Les adultes essaient souvent de retenir leur rire face à ce genre de situations comiques parce qu'ils ne veulent pas encourager de tels comportements chez leurs enfants. Ne vous retenez pas et riez! Que vos enfants sachent que c'est correct de rire des comédiens qui font ces spectacles pleins de farces bouffonnes. Soulignez que les gens du spectacle ne se font pas vraiment mal et qu'il n'est *jamais* à-propos de rire de quelqu'un qui est réellement malade ou blessé.

Ne riez jamais de votre enfant. Enseignez-lui à se moquer de lui-même. Comment? En vous moquant de vous-même!

Faites la lumière sur ce qui pourrait sembler embarrassant, gênant. Ne l'amplifiez pas outre mesure, ne l'ignorez pas et n'en soyez pas trop contrarié.

Si vous êtes capable de rire de vous-même, et que votre enfant voit que vous en êtes capable, il apprendra à rire de lui-même. Il s'amusera des différences humaines et des petits incidents de la vie.

Le fait de rire ainsi avec votre enfant lui transmet un important message: «Mon amour ne dépend pas de ta perfection. Tu es un être humain comme moi. L'amour entre nous transcende nos faiblesses humaines.»

27 *Présentez des excuses quand c'est nécessaire*

*F*aites savoir à votre enfant que vous faites des erreurs, que vous n'êtes pas le parent parfait. Admettez vos torts. Avouez-les. Que votre enfant sache que vous ferez vraisemblablement des erreurs dans l'avenir, même si ce n'est pas volontaire.

Reconnaissez vos torts

La perfection est un fardeau terrible tant pour vous que pour votre enfant. Je n'ai pas encore rencontré d'enfant qui n'ait pas pardonné et qui n'ait pas répondu avec amour à un parent qui reconnaissait avoir fait une erreur. Ce sont de bonnes nouvelles! Des excuses acceptées apportent la guérison à votre enfant et à votre relation. Écouter et accepter les excuses permet à votre enfant d'abandonner tout ressentiment avant qu'il ne se transforme en amertume.

En admettant vos propres erreurs et en disant à votre enfant que votre amour l'emporte sur vos erreurs, vous lui faites aussi savoir qu'aucune faute, erreur, maladresse, aucune gaffe ou aucun accident qu'*il* pourrait commettre ne détruira l'amour que vous avez pour lui.

Affirmez encore et toujours que votre amour n'est pas basé sur un comportement parfait ni de votre part ni de sa part. L'amour transcende le comportement.

Je n'ai jamais cru cette phrase du film *Une histoire d'amour* dans lequel l'héroïne dit à son bien-aimé: «Aimer signifie ne jamais avoir à s'excuser». À mon avis, aimer signifie que vous êtes *toujours* prêt à dire: «Je regrette» quand vous avez fait quelque chose qui a blessé l'autre personne.

Choisissez le bon moment

Quand devriez-vous vous excuser?

- Dans un moment d'intimité. N'en faites pas trop; votre enfant pourrait croire que vos excuses ne sont pas sincères. Vous pourriez avoir à faire des excuses publiques si l'erreur commise est publique et impliquait d'autres personnes que votre enfant. Dans ces cas-là, excusez-vous d'abord auprès de votre enfant. Dites-lui que vous regrettez *beaucoup* de l'avoir blessé par votre comportement.

- Ne vous excusez que si vous regrettez vraiment ce que vous avez fait. Certaines personnes s'excusent seulement pour dédramatiser une situation tendue ou pour apaiser quelqu'un d'autre alors qu'au fond de leur cœur, elles ne sont pas du tout repentantes.

- Ne vous excusez qu'en fonction même de vos regrets. Vous pouvez ne ressentir *aucun* regret d'avoir puni votre enfant qui, dans un geste de colère et de désobéissance, a renversé un étalage complet de biscuits au supermarché. Vous pouvez cependant regretter de l'avoir frappé juste là, dans l'allée du supermarché. Dans ce cas, excusez-vous de la façon dont vous l'avez puni et non du fait de l'avoir puni.

- Si votre enfant a été blessé à la suite d'un accident causé par vous, excusez-vous pour l'accident. Assurez-le que c'était un accident, et non un geste voulu de votre part. (Votre enfant le sait probablement déjà mais ça ne fait pas de mal de le dire). Ne vous justifiez pas. Excusez-vous d'avoir été à l'origine de la douleur.

- Ne prenez pas la peine de vous excuser si vous n'avez aucunement l'intention de changer votre comportement à venir afin de ne *pas* commettre de nouveau la même erreur. C'est une excuse vide de sens que de dire: «Je regrette de t'avoir frappé hier soir» quand c'est le résultat d'une trop grande consommation d'alcool — à moins que vous ne cessiez de boire (et recherchiez l'aide nécessaire pour être capable d'arrêter).

- N'essayez pas de minimiser votre mauvais comportement par une excuse. Ne tenez pas pour acquis que le simple fait de vous excuser d'être en retard pour prendre votre fille après son cours de danse vous permet de continuer à être en retard. Votre enfant saura bientôt que vos excuses ne sont que des paroles vides de sens.

En somme, vos excuses doivent être sincères, ressenties et porteuses d'un changement de comportement. Autrement, votre enfant les percevra comme des mensonges. Et alors, comment votre enfant pourra-t-il vous croire quand vous lui dites: «Je t'aime»?

28 Sifflez d'une certaine manière juste pour votre enfant

*J*e ne peux imiter le sifflement que mon père a utilisé depuis que je suis née pour attirer mon attention. Je n'arrive pas à en recréer le son, malgré mes nombreuses tentatives.

Tout récemment, mon père et moi, nous nous étions perdus de vue alors que nous faisions des courses dans un grand magasin. Je continuais à fouiller dans les vêtements, sans m'être aperçue qu'il était parti dans une autre direction et ne me voyait plus. Soudain, j'ai entendu ce «sifflet paternel» familier. Je l'ai retrouvé en l'espace de quelques secondes, à la grande surprise de la vendeuse qui se trouvait à côté de moi.

«Mais», a-t-elle bredouillé, «comment avez-vous pu l'entendre? Personne d'autre n'y a porté attention.

— Quand il m'appelle, j'arrive», dis-je en riant. «Comme un bon chien bien dressé!»

Une récompense

Même si j'essayais de faire de l'humour, en réalité, le sifflement de papa *a* vraiment été associé à un conditionnement. J'ai toujours été récompensée d'y avoir répondu en revenant près de mon père. Son sifflement est associé au fait de me sentir en sécurité, protégée, retrouvée, reliée, aimée.

Finalement, le message a toujours été le même. «Papa m'aime assez pour me retrouver. Il veut mon attention. Il veut que je sois avec lui. Il veut que je le vois, que je l'entende.»

Un avertissement

Je suis presque certaine que mon frère a un sentiment différent face au sifflement de papa. Il l'a en général entendu à des moments où il s'apprêtait à faire une chose qu'il ne devait pas faire. Pour lui, le sifflement était un appel pour dire: «Sors de là avant d'avoir des ennuis.»

Un appel à l'attention

Je fus surprise un jour d'entendre mon amie, Rita, appeler ses enfants. Elle a utilisé un sifflement différent, unique à sa famille. «C'est pratique», dit-elle, «quand tu as deux enfants explorateurs. Ils prennent les chemins de traverse plus vite que mes pieds ne peuvent avancer.» Qu'est-ce que le sifflement de Rita signifie pour ses enfants? Le même message: «Maman nous aime suffisamment pour nous retrouver. Elle souhaite que nous soyons auprès d'elle.»

Un sifflement d'amour donne à votre enfant l'assurance que «papa sait comment prendre contact avec moi s'il me perd. Il m'aime et il ne veut pas me perdre. Maman m'aime suffisamment pour attirer mon attention quand je suis sur le point de commettre une erreur. Elle m'aime et elle ne veut pas que j'aie de problème.»

29 *Prenez le temps de jouer avec votre enfant*

*P*renez tous les jours le temps de jouer avec votre enfant. Dites à votre enfant que vous aimez son univers et que vous voulez avoir du plaisir à faire avec lui les choses qu'il aime faire.

Il y a quelques années, j'ai rencontré un garçon nommé Bertrand. Bertrand était un sale mioche, créant toujours des ennuis, cherchant toujours à se sortir de ces ennuis, justifiant toujours le fait qu'il en ait créé.

Cependant, une chose merveilleuse lui est arrivée. Son père a délaissé son journal, fermé la télévision et commencé à jouer avec lui. Papa a découvert chez Bertrand une grande capacité à prévoir et à manipuler. Il a mis à profit cette capacité en lui donnant quelques leçons d'échecs.

Par lui-même, le jeu d'échecs n'a pas suscité tellement de conversations, mais il a quand même créé un lien. Bertrand a ressenti de moins en moins le besoin d'attirer l'attention de son père.

Papa a également appliqué certaines règles du jeu d'échecs à d'autres domaines de la vie. «La reine est le pion le plus important parce qu'elle peut aller dans toutes les directions. Telle est la vie. Tu veux pouvoir voyager dans toutes les directions, tu dois avoir une bonne éducation.» Bertrand a écouté.

Apprendre en jouant

Bertrand a appris à jouer selon les règles, dans la vie comme aux échecs. Il a appris à demander conseil et à aider les autres. Il a appris comment être en compétition; comment gagner et perdre. Les vérités en présence dans l'exemple de Bertrand et de son père peuvent s'appliquer à presque toutes les activités de jeu entre parents et enfants.

- Par le jeu, votre enfant acquiert une conscience croissante de votre disponibilité envers lui.

- Par le jeu, votre enfant apprend comment jouer.

- Par le jeu, votre enfant découvre une atmosphère relaxante et favorable à la communication avec vous.

- Par le jeu, votre enfant apprend des techniques qu'il peut améliorer.

- Par le jeu, votre enfant découvre comment *vous* jouez.

Qui établit les règles?

Dans les limites de la sécurité et de la moralité, laissez votre enfant déterminer les règles et les limites. «*Tu prends les pions blancs, je prends les rouges*». Laissez votre enfant choisir le rythme du jeu et diriger la partie.

Si vous avez à faire des suggestions, ne le faites que pour stimuler l'imagination. N'imposez pas vos idées.

Jouez avec votre enfant. Il aura tout votre temps. Il aura votre attention. Il aura de nombreuses occasions d'apprendre, de grandir, de partager. À travers tout ça, il ressentira votre amour.

30 Accordez une attention égale à chaque enfant

L 'une des comédies renommées des frères Smothers est basée sur le principe: «Tu as été le chouchou de maman». Nous rions en partie parce que nous reconnaissons ou avons expérimenté la vérité sous-jacente à cette plaisanterie.

Soyez juste envers chaque enfant

Avez-vous enregistré 18 heures de vidéo de votre premier-né pour ensuite oublier de sortir le caméscope quand le deuxième ou le troisième enfant est arrivé? Avez-vous un album rempli de photos de votre aîné pour quelques rares prises de vue de vos autres enfants?

Votre fille a-t-elle droit à toutes les nappes de lin, les couvertures et les broderies que la famille laissera en héritage? Et votre fils, alors?

Envisagez-vous d'aider votre fils à s'acheter une voiture quand il aura 16 ans? Pensez-vous à aider votre fille de la même façon?

- Votre enfant a besoin de savoir qu'il ou elle a *un droit d'accès égal à votre temps et à votre atten-*

tion. Chaque enfant doit savoir: «Maman a du temps rien que pour *moi*. C'est particulièrement vrai quand un nouveau bébé arrive dans la famille et que le ou les enfants plus âgés se perdent dans la confusion qui suit la naissance.

- Votre enfant a besoin d'*un droit d'accès égal à vos applaudissements*. Chaque enfant doit pouvoir compter sur la présence de ses parents lors de ses performances, avec de grands applaudissements et un cœur de «fan».

- Votre enfant a besoin d'*un droit d'accès égal à la manifestation de votre fierté*. Dans les albums de photos, certaines différences discréditent toute manifestation de fierté. Dans ce cas, on peut facilement remédier au problème en prenant le temps, au début de chaque année, d'inscrire au calendrier familial deux ou trois séances de «prises de photos».

- Votre enfant a besoin d'*un droit d'accès égal à vos cadeaux*. Les aînés et les enfants choyés ont tendance à obtenir davantage de «bonnes choses». L'argent coule plus librement quand il y a un seul enfant au lieu de cinq.

- Votre enfant a besoin d'*un droit d'accès égal à votre héritage*. Quelles que soient les raisons invoquées, aucun enfant ne comprend jamais un partage inégal de la propriété familiale ou des trésors laissés en héritage.

Chaque enfant est unique

La personnalité de chaque enfant est différente. Vous trouverez parfois qu'un enfant est plus facile à comprendre qu'un autre, que vous avez plus d'empathie envers l'un qu'envers l'autre ou que votre personnalité s'accommode mieux de l'un que de l'autre. Ces différences sont normales et on doit s'y attendre. Votre enfant préfère probablement être avec un parent plutôt qu'avec l'autre en certaines circonstances.

Cependant, ne laissez pas ces différences influencer votre amour. Vous avez assez d'amour pour chacun de vos enfants.

31 *Amenez votre enfant avec vous*

*D*e la même façon que vous trouvez du temps pour jouer avec votre enfant, donnez une chance à votre enfant d'entrer dans votre univers. Ceci fait aussi passer le message: «Je t'aime et j'ai du plaisir en ta compagnie!»

Dans les premiers jours de novembre, mon père me permettait souvent de monter avec lui le soir quand il allait porter des remorques pleines de coton jusqu'à l'égreneuse. Je me souviens encore de ces moments de proximité où je bravais la noirceur inconnue, où j'accomplissais une tâche importante et où je saluais le commis comme si j'étais «une grande fille». Ça m'apparaissait exceptionnel d'avoir la permission de sortir le soir; il devait être à peu près 18 h 30!

Sur les lieux du travail

Jean amène ses enfants au bureau le samedi matin quand il va s'occuper du courrier en retard. Les enfants s'assoient dans la salle de conférence adjacente à son bureau et, pendant le temps où Jean travaille, ils ont leur propre tâche à accomplir: une série de nouvelles images à colorier pour le tableau d'affichage accroché derrière la porte de son bureau.

À l'occasion, Jean appellera ses enfants par le téléphone qui relie ces deux pièces, juste pour vérifier s'ils n'ont besoin de rien. Ils savent comment se rendre à la cafétéria du bureau et, au moins une fois dans la matinée, ils se dirigent tous vers la distributrice de café ou de chocolat chaud. Mais avant tout, ils travaillent et Jean travaille.

Les enfants de Jean ont une bonne idée de l'endroit où papa se trouve quand il n'est pas à la maison, ce qu'il fait durant le jour et comment il se sent au travail. À la fin de leur séance de travail, les enfants accrochent leurs dessins, puis ils font tous ensemble une tournée dans le bureau pour que Jean puisse laisser des messages sur différents bureaux et s'assurer que les différents appareils sont ouverts ou fermés comme il se doit.

Faire des courses

Andréa amène ses filles avec elle chaque fois qu'elle va chez la coiffeuse pour une coupe, une coloration ou une permanente. Parfois, ses deux filles se font aussi couper les cheveux. La plupart du temps, elles s'assoient et lisent des livres qu'elles ont apportés, elles observent les différents procédés, et choisissent des styles dans les livres du salon de beauté. Une fois, Andréa leur a même offert une manucure.

Au fil des années, les filles ont appris beaucoup de choses à observer les allées et venues des gens. Elles ont appris que chaque personne aime un style différent, que ça prend une grande habileté pour accomplir une tâche ou une autre dans la vie et qu'il est important d'être capable de communiquer avec précision la longueur que l'on souhaite pour sa frange! Elles expérimentent une partie de l'univers de leur mère. Elles savent que maman aime bien leur compagnie et qu'elle veut que ses filles partagent sa vie.

32 Respectez l'intimité de votre enfant

N e fouinez pas dans ses affaires. Ne lisez pas son journal intime. N'espionnez pas ses appels téléphoniques. Ne fouillez pas dans sa boîte aux trésors.

Respectez son droit à l'intimité. Ceci transmet le message suivant à votre enfant: «Je t'aime assez pour te faire confiance. Rien de ce que tu peux faire ou cacher ne peut détruire mon amour pour toi. Du même coup, je n'ai pas besoin de savoir tout ce que tu dis ou fais. Mon amour ne dépend pas de ton comportement, mais bien de ce que tu es, mon enfant. Je t'aime assez pour te laisser acquérir ton autonomie mais, en même temps, je t'aime assez pour voir à ce que tu ne souffres pas d'éloignement.»

Il arrive très souvent que des disputes familiales concernant l'intimité prennent naissance dans le manque de définitions claires entre ce qui est considéré comme privé et ce qui peut ne pas l'être.

Les exigences d'un parent

La chambre de votre enfant n'est pas seulement la chambre de votre *enfant*. Elle est également une pièce de *votre* maison. Vous pouvez exiger qu'elle soit tenue propre (la propreté étant négociable), qu'aucun dégât n'y soit fait (un trou dans le mur, par exemple) et qu'aucun grand changement ne se fasse sans votre permission (incluant le fait d'arracher les rideaux), qu'une certaine limite soit établie concernant la décoration (pas d'affiches de nus, peut-être) et que certaines choses ne peuvent y être gardées (des couleuvres, entre autres).

Faites savoir à votre enfant que vous avez l'intention de nettoyer sa chambre périodiquement. (L'alternative étant, bien sûr, que votre enfant en fasse le nettoyage et qu'il s'en acquitte brillamment).

Dites à votre enfant que vous vous réservez le droit d'entrer dans sa chambre en tout temps si vous sentez une odeur de fumée. Dites-lui que s'il choisit d'inviter ses amis dans sa chambre, vous considérerez alors sa chambre comme un lieu de rencontre publique et que vous vous octroierez le droit d'y entrer n'importe quand, quoique vous frapperez d'abord et n'y resterez pas. Vous pouvez exiger que la porte reste ouverte si votre adolescent reçoit quelqu'un du sexe opposé.

Le privilège d'un enfant

Vous pouvez — et devriez — désigner certains endroits ou objets comme étant «privés» dans la chambre de votre enfant. Son journal est privé. De même la boîte qui contient ses lettres. Le tiroir du haut de la commode peut être l'endroit où il déposera ses choses intimes. Vous voudrez peut-être même offrir à votre enfant un coffre, un bureau, ou un casier pouvant se fermer à clé. (Assurez-vous d'avoir une clé supplémentaire quelque part au cas où il ou elle perdrait sa clé). Les conversations de vos enfants avec leurs amis sont privées.

Cependant, vous avez le privilège de déterminer ce qui est permis dans votre maison. Ceci inclut les livres ou les revues pouvant être conservés dans la maison, les émissions pouvant être regardées ou écoutées (dans la chambre de l'enfant, aussi bien que dans le salon, quelle musique est diffusée, quels jeux peuvent être joués, de même que qui ou quoi peut être admis dans votre maison (des créatures à quatre pattes, à deux pattes ou sans pattes)!

En établissant les limites de l'intimité de votre enfant, vous en préservez également les libertés. Votre enfant peut être assuré que ces appels téléphoniques ne seront pas contrôlés, que sa correspondance ne sera pas censurée, que ses conversations et activités avec ses amis ne seront pas espionnées et que, par-dessus tout, vous souhaitez qu'il devienne une personne responsable qui fera des choix responsables.

Il est possible que vous fassiez des erreurs en traçant les frontières de l'intimité ou en acceptant certaines choses dans votre maison. Cependant, vous ne devez jamais vous tromper en gardant le droit de déterminer les limites de l'intimité.

Vous transmettez également trois des leçons d'«amour durable» les plus importantes que votre enfant ait besoin d'apprendre sous votre toit:

- L'amour est un moyen de bien vivre en société, en famille, dans une communauté, dans un groupe. Ce n'est pas un permis pour faire tout ce que vous voulez ou pour vous éloigner de la norme d'un groupe.

- L'amour ne nous rend pas libre de faire du mal. L'amour nous empêche de faire du mal.

- L'amour est la raison de prolonger, de partager et de promouvoir la vie, non pas de la limiter, de la blesser ou de la détruire.

33 Prenez «rendez-vous» avec votre enfant

Qu'être avec votre enfant soit un choix actif et pas seulement une conséquence: «Je passerai du temps avec mon enfant si je n'ai rien d'autre à faire.» Choisissez d'être avec votre enfant.

Faites en sorte que votre enfant vous entende dire à quelqu'un d'autre que vous aimez être avec lui: «Oh, j'aimerais bien aller avec toi mais j'ai déjà un rendez-vous avec mon enfant.»

Planifiez une rencontre avec votre enfant

Passez une soirée entière avec votre enfant. Choisissez de le faire et considérez ça important, aussi important que votre premier rendez-vous avec votre conjoint.

À ce rendez-vous, parlez des choses dont votre enfant désire parler. Ceci peut signifier une conversation consacrée entièrement aux farces du personnage de télévision le plus à la mode, la dernière marotte ou les plaisanteries courantes des élèves de secondaire. Mangez ce que votre enfant aime manger. Allez à son restaurant favori. Soyez prêt à avaler hamburgers ou pizzas.

À partir du moment où Mélodie a eu 10 ans et jusqu'à ses 18 ans, elle a eu un rendez-vous avec son père tous les deuxièmes vendredis soir de chaque mois contenant un *e*: en janvier, février, juillet, septembre, octobre, novembre et décembre.

Votre rendez-vous avec votre enfant n'a pas besoin d'être très élaboré ou coûteux. Il suffit simplement que ce soit un rendez-vous que vous établissez, que vous respectez et que vous aimez.

Fixez un rendez-vous à votre enfant

Inscrivez-le dans votre agenda de travail. À 14 h 00, le premier jeudi du mois. C'était le rendez-vous fixé par Stella à sa fille, Gracia. Stella lui donnait un mot à remettre à son professeur le lundi de cette semaine-là et un deuxième mot de rappel, le jeudi matin.

Stella planifiait son emploi du temps en ce sens et ne permettait aucune interférence. Elle avait préétabli ce «congé du jeudi» avec son patron dès son embauche et elle travaillait pendant l'heure du midi les lundi, mardi et mercredi de la première semaine de chaque mois. Les jeudis, elle quittait promptement son bureau à 13 h 30 et prenait un taxi pour aller prendre Gracia.

Quand elles se retrouvaient toutes deux dans le taxi, Stella et Gracia changeaient de rythme. Stella détachait ses cheveux et enlevait ses bijoux. Elle sortait des espadrilles de son attaché-case pour remplacer ses talons hauts. Elles s'arrêtaient à leur appartement juste le temps de déposer leurs affaires et reprenaient le même taxi pour se diriger vers le zoo, le parc, la fête foraine ou un cinéma. Rien que toutes les deux. Elles allaient ensuite dîner ensemble, ne serait-ce qu'un simple sandwich à la viande fumée.

Une fois par mois pendant l'année scolaire. Neuf rendez-vous par année pendant cinq années consécutives. Un total de quarante-cinq «rendez-vous de trois heures». Des souvenirs heureux pour toute une vie.

34 Exposez les photographies de votre enfant

M ontrez les photographies de votre enfant. Que votre enfant voit, de manière tangible, que vous êtes fier de lui et que vous souhaitez que les autres sachent qu'il est votre enfant. Transmettez ce message à votre enfant: «Je suis content d'être associé à toi aux yeux du monde entier.»

- Placez une photo de votre enfant dans votre lieu de travail, si c'est possible: sur un bureau, une petite table ou un rayon de la bibliothèque. De cette façon, quand votre enfant viendra vous rendre visite à votre travail, il recevra une confirmation du message: «Ma mère pense à moi, même quand elle ne peut pas être à la maison avec moi.»

- Gardez une photo de votre enfant dans votre portefeuille ou votre sac à main. Le portefeuille de mon père fait à peu près huit centimètres d'épaisseur. Pourquoi? Parce qu'il conserve encore au moins une douzaine de ses photos préférées de mon frère et moi. Tout enfant aime à fouiller dans le portefeuille de papa ou le sac à main de maman. Permettez-leur de se retrouver pendant cette opération.

- *Apportez des photos de votre enfant quand vous voyagez.*

Laissez votre enfant s'apercevoir que vous placez sa photo encadrée dans votre valise. Le message? «Papa m'amène avec lui dans son cœur.»

- *Affichez des photos de votre enfant dans votre maison.* Donnez aux visiteurs la chance de les admirer et à votre enfant l'occasion de se voir à l'intérieur de sa propre maison. Placez des photos dans des endroits que vous considérez particulièrement comme votre espace personnel: le boudoir, votre chambre à coucher, votre bureau personnel.

Incluez-y des photos qui montrent votre enfant en action; ne vous contentez pas des photos d'école. Ajoutez-y des photos où vous êtes avec votre enfant. Choisissez des photos qui vous rappellent des moments particuliers partagés avec votre enfant, des moments où votre enfant découvre le monde, des moments où votre enfant exprime une joie spontanée.

Quand vous faites un montage de photos de famille, joignez-y des photos de vous-même et de votre conjoint quand vous étiez enfants, de même que des photos des grands-parents et d'autres membres de la famille. Permettez à votre enfant de se considérer valable et bienvenu dans le clan. Exprimez un message de continuité à votre enfant: «Tu es un membre important de la famille. Nous t'aimons tous, de même que nous nous sommes aimés les uns les autres au fil des années.»

Pensez à prendre un portrait de votre enfant au moins une ou deux fois au cours de sa croissance.

Les photos disent à votre enfant: «Tout paysage est plus beau quand tu en fais partie.» Et c'est une manifestation d'amour!

35 *Exigez la vérité*

N'acceptez jamais de mensonges de la part de votre enfant. Insistez sur l'honnêteté. Ne laissez pas se développer un modèle où votre enfant croit que: «Maman (ou papa) tolère les mensonges.» Une telle croyance amène un enfant à conclure que «c'est possible que maman et papa mentent quand ils me disent qu'ils m'aiment.»

Dites la vérité à votre enfant. Ramenez toujours votre enfant à la réalité et à une responsabilité face à la vérité. Les enfants ont une tendance innée à l'imagination et à la fantaisie. Une grande partie de l'expérience de la croissance pour un enfant est en fait de différencier la réalité de la fiction. C'est le rôle du parent de constamment sortir l'enfant de son monde de fantaisie pour faire face au monde réel.

Ceci ne signifie *pas* que vous devez éviter toute activité qui stimulerait l'imagination de votre enfant. Au contraire, le développement de l'imagination de votre enfant est un aspect important pour déployer sa créativité et son expression personnelle. Ça *signifie* cependant que vous refusez que votre enfant se complaise essentiellement dans un monde fantaisiste.

La réalité contre la fiction

Parlez à votre enfant de la réalité des émissions de télévision. Demandez-lui: «Qu'est-ce qui était réel et qu'est-ce qui ne l'était pas dans cette histoire?»

Posez-lui la question: «Crois-tu que des gens comme ça peuvent exister réellement?» Questionnez-le: «Pourquoi est-ce que ça ne pourrait pas être une histoire vraisemblable dans la vraie vie?» Aidez votre enfant à distinguer la fiction du documentaire.

Les petits mensonges pieux

Certains parents trouvent acceptables et même mignons les «petits mensonges pieux». Ne faites pas partie de ceux-là. Le fait de dire un mensonge quelconque communique à l'enfant la croyance que non seulement le mensonge est acceptable, mais qu'il est parfois préférable et occasionnellement même plaisant. Le mensonge devient beaucoup trop facilement un moyen de manipuler les autres.

La première personne à entendre le mensonge de votre enfant, ce n'est pas vous, c'est lui-même. Un enfant s'entend mentir et, d'une manière sournoise, accepte son mensonge comme étant une vérité. Le mensonge et la vérité se confondent alors. Un enfant qui prend l'habitude de mentir en vient au bout du compte à ne plus savoir *comment* dire la vérité — à lui-même et aux autres — et peut même ne pas reconnaître la vérité.

Gardez votre enfant bien en contact avec la réalité et permettez-lui une escapade occasionnelle dans un monde imaginaire avec des amis imaginaires, un monde dans lequel, sans aucun doute, il sera le héros ou la vedette. Ne laissez pas votre enfant vivre dans un monde imaginaire; faites-lui prendre une pause-réalité occasionnelle pour se brosser les dents ou attacher ses lacets.

Habituez-le à raconter les détails

- Demandez à votre enfant de raconter un incident qui s'est vraiment produit. Vous pourriez dire: «Mon chéri, raconte l'histoire à propos des lions que tu as vus au Parc Safari.» Encouragez-le à donner des détails. «Combien de lions y avait-il? Que faisaient-ils? À quoi ressemblaient-ils? Qu'est-ce que nous disions, nous, dans la voiture?»

- Invitez votre enfant à jouer au journaliste. Indiquez-lui la nécessité de donner des détails, l'importance des faits, la force descriptive du déroulement. «Qu'a-t-il dit? Qu'a-t-elle dit? Quand? Comment? Où? Qui? Quel a été le résultat? Pourquoi est-ce arrivé, selon toi?»

- Demandez à votre enfant de vous parler d'un livre qu'elle vient de lire. «Quelle était l'intrigue? À quoi ressemblaient les personnages? Où se passait l'histoire?»

De telles activités donnent à votre enfant l'habitude de dire la vérité, de développer son objectivité et d'accorder la priorité à l'information.

En définitive, un enfant à qui on permet de mentir sans conséquence commence à supposer que tous les gens mentent et s'en tirent à bon compte.

L'amour est basé sur la confiance. Il est aussi fondé sur la vérité. Quand vous dites «Je t'aime» à votre enfant, vous voulez qu'il vous croit et qu'il *sache* que vous lui dites la vérité toute pure et sans artifice. Permettre une habitude de mensonges dans la vie de votre enfant, c'est diminuer sa capacité d'entendre la vérité de votre amour.

36 *Donnez une réception pour votre enfant*

$\mathcal{T}$ out enfant aime être le centre d'intérêt, même l'enfant qui semble le plus timide, le plus réservé. Rien n'attire davantage l'attention sur l'enfant qu'une réception donnée en son honneur.

Organisez à votre enfant:

- un goûter d'anniversaire;
- une réception suivant la confirmation, la première communion ou le baptême;
- une fête pour sa remise de diplôme (de n'importe quel niveau scolaire ou cours professionnel).

Ou invitez simplement les amis de votre enfant pour un après-midi ou une soirée de jeux — une partie de natation, un barbecue, une mascarade ou une danse de la Saint-Valentin.

Il n'y a rien dans le livre des règles de la vie qui dise que vous ne pouvez pas préparer une surprise-partie n'importe quel jour de l'année. Il n'est pas nécessaire que ce soit pour souligner un anniversaire quelconque.

Si ce n'est pas une surprise-partie, laissez votre enfant être l'hôte ou l'hôtesse de la réception. Répétez à l'avance avec votre enfant de quelle façon être hôte, accueillir les gens, se mêler aux invités, servir à boire, faire les présentations et dire «au revoir» aux invités en les conduisant jusqu'à la porte.

Une rencontre sociale mère-fille

Au début d'un certain automne, Colette a invité cinq des amies de sa fille à une réception sans cadeaux, avec tenue chic obligatoire. Les mères étaient invitées aussi. Les mères étaient très bien habillées et leurs filles aussi. Les tables étaient ornées de porcelaine et de dentelle. Des chrysanthèmes avaient été cueillis dans le jardin.

Sylvette, la fille de Colette, accueillait ses amies à l'entrée en leur offrant une simple fleur que les filles allaient ensuite déposer dans un vase au centre de la table. Elle indiquait à ses amies leur place à table.

Pendant que les petites filles sirotaient un jus de fruits en mangeant des biscuits et des petits fours, les mères savouraient un thé ou un café, mangeaient des biscuits langues-de-chat et des tartelettes au citron, tout en surveillant leurs filles par les fentes des persiennes qui séparaient les deux groupes.

Vers la fin de l'après-midi, Colette a pris une photo, style portrait, de chacune des filles avec sa mère dans le jardin. (Devinez ce que Sylvette a offert à ses amies comme cadeau de Noël, quelques semaines plus tard)! Sylvette a adoré être une hô-tesse. Aujourd'hui, 20 ans plus tard, elle possède sa propre entreprise de traiteur et elle organise des réceptions.

Des souvenirs d'amour

Une réception offre à votre enfant une occa-sion merveilleuse d'être le centre d'intérêt, de rece-voir des remerciements, des félicitations et des pa-roles aimables de la part de ses amis ou parents. Une réception donne à votre enfant un souvenir qui durera toute sa vie.

37 Offrez votre soutien moral en temps de crise ou dans les moments difficiles

C haque parent marche sur une ligne de démarcation très fine entre être une mère attentive ou une mère poule et être un père envahis-
sant ou un père absent. Votre enfant a besoin de
votre soutien moral en deux sortes d'occasions:
quand il expérimente une chose ou rencontre une
personne pour la première fois et quand il ressent
plus de peur que de confiance.

Apprenez à reconnaître ces moments. Soyez
sensible à ces occasions et soyez là pour votre enfant. Il se souviendra toujours de votre présence et
de votre soutien comme une preuve vivante de
votre amour.

Soyez là avec vos encouragements et votre
soutien quand votre enfant:

- a sa première coupe de cheveux.
- va chez le dentiste ou le docteur.
- fait son entrée dans une nouvelle école ou
commence une nouvelle année scolaire.

- rencontre la nouvelle «baby-sitter».
- vit sa première expérience sur scène.
- part pour son premier rendez-vous galant.

Sachez identifier ces occasions où votre enfant fait face à une nouvelle routine, apprend une nouvelle technique ou rencontre un nouveau groupe de personnes. *Soyez présent* pour ces moments critiques.

Des façons de montrer votre soutien

- Dites à votre enfant, autant que possible, à quoi il peut s'attendre. Expliquez-lui comment se faire des amis, quelles questions poser pour faire connaissance, quelles sont les règles du jeu. Préparez-le à l'avance le plus possible. Si votre enfant envisage une prestation, fournissez-lui une occasion de répéter à la maison avec son costume.

- Allez avec votre enfant. Ne le laissez pas seul sur le trottoir. Allez dans sa classe, dans les coulisses, dans la salle d'examen.

- Aidez-le à briser la glace. Indiquez-lui les choses habituelles. Expliquez-lui les choses étrangères. Faites quelques présentations ou demandez quelques noms.

- Témoignez-lui des encouragements de départ: un pouce levé, un signe de la main, un baiser envoyé dans un souffle, une étreinte, un clin d'œil. Ne le gênez pas en restant trop longtemps. De même, ne le laissez pas s'accrocher à vous. Laissez-le aller s'asseoir à son bureau ou sur le banc de l'équipe. Attendez qu'une conversation soit entamée ou qu'un adulte le prenne en charge. Disparaissez tranquillement et discrètement.

- Avant de partir, dites à votre enfant à quel moment vous allez revenir et où vous serez entre-temps. Laissez-lui un numéro de téléphone si vous devez être ailleurs qu'à la maison ou au travail. Assurez-vous que votre enfant sait quand et où il pourra de nouveau être avec vous.

C'est un signe de maturité réelle quand un enfant peut dire, à propos d'une première rencontre: «Ça va, tu n'as pas besoin de venir avec moi.» Quand ça se produit, soyez heureux! Souriez et dites: «D'accord!»

Un enfant qui est habituellement laissé à lui-même pour faire face à de nouveaux défis peut devenir un dur en grandissant, mais il a aussi de fortes chances d'avoir un cœur moins tendre. Ne laissez pas votre enfant arriver à la conclusion suivante: «Maman dit qu'elle m'aime, mais elle m'abandonne juste au moment où j'ai le plus besoin d'elle. Papa dit qu'il m'aime, mais il n'est jamais là quand j'ai besoin du réconfort de sa présence.»

Aimer signifie être disponible pour votre enfant quand il a besoin de vous. Dites «je t'aime» par votre présence même.

38 *Laissez votre enfant se choisir une gâterie*

*D*e temps en temps, laissez votre enfant se choisir une gâterie pour la simple raison qu'il est votre enfant. Renforcez la prépondérance de votre amour: «Je t'aime simplement parce que tu es mon fils, ma fille!»

Des surprises occasionnelles

Sophie laisse occasionnellement ses enfants créer un menu pour enfants. Elle permet à chacun de ses quatre enfants de choisir un mets pour le repas du soir. (Ça ne doit pas être du dessert). Un de ces derniers repas comprenait du riz blanc au beurre, des hot-dogs (avec pains), des œufs farcis et une soupe aux fruits de mer. Un autre repas était composé de beignets de poissons, de raviolis, de compote de pommes et de sandwiches au beurre d'arachides et à la confiture.

À peu près une fois par mois, Sarah dit à sa fille: «Pourquoi n'irais-tu pas te choisir quelque chose au comptoir des cosmétiques pendant que je fais des courses? Six dollars maximum!» Christine s'amuse beaucoup à choisir parmi les rouges à lèvres, les vernis à ongles et les autres articles de maquillage. À d'autres moments, Sarah donne à sa fille la possibilité de choisir la revue qu'elle veut parmi la vaste sélection disponible dans ce même magasin. Christine apprend à faire des choix et elle reçoit des gâteries en même temps.

Faites la surprise à votre enfant de lui offrir une gâterie inattendue. Voici quelques exemples:

- *«Voudrais-tu choisir un paquet de biscuits pour nous?»*

- *«Voici cinq dollars. Va à la pâtisserie te choisir deux de tes gâteaux préférés. Apporte-m'en un que j'aimerai aussi. Je t'attends dans la voiture.»*

- *«Allons nous chercher chacun un disque laser. Je me réserve cependant un droit de regard sur les chansons.»*

- *«Arrêtons-nous prendre un cornet de glace. Choisis le parfum et la grosseur que tu veux, une ou deux boules!»*

- *«Voici dix dollars que tu peux dépenser à ta guise au parc d'attraction. Si ça coûte plus de dix dollars, tu devras prendre ton argent de poche. Si tu ne veux rien acheter, ça va aussi.»*

- *«Arrêtons-nous à ce magasin en passant et choisis-toi un nouveau nœud pour tes cheveux. C'est toi qui décides.»*

Des limites raisonnables

À d'autres moments, insistez pour que votre enfant ne quémande pas, qu'il ne pleurniche pas ou qu'il ne demande pas sans cesse des gâteries. Faites-lui savoir que vous assurerez ses besoins essentiels. Rappelez à votre enfant qu'il peut toujours utiliser son argent de poche ou l'argent qu'il a gagné pour s'acheter des choses. Que les gâteries que vous lui offrez viennent de vous.

Insistez pour que votre enfant n'aille pas au-delà du petit cadeau convenu. Définissez clairement la gâterie et tenez-vous-en à votre définition. Pas deux nœuds: un seul. Pas 15 $, mais 10 $. Pas une grosse coupe glacée, mais un cornet avec deux boules au maximum.

N'associez pas ces gâteries à un comportement. Laissez votre enfant choisir un paquet de biscuits ou un disque en dehors d'une victoire ou d'une perte dans sa vie. Surprenez votre enfant avec une gâterie qui n'a absolument aucun lien avec sa performance ou ses réalisations.

Suggérez des gâteries que votre enfant pourrait considérer comme étant pour un enfant «un peu plus âgé». Laissez votre fille de 11 ans se choisir un rouge à lèvres, en spécifiant clairement qu'elle ne peut pas en porter en public, que c'est pour essayer seulement. Laissez votre garçon de 12 ans se choisir une lotion après-rasage qu'il n'utilisera que lorsqu'il portera un complet-veston. Votre enfant sera étonné de votre grande confiance en lui.

Que les gâteries soient principalement pour le plaisir de votre enfant. Donnez-lui le premier biscuit de la boîte, ou la première part de tarte. Les gâteries disent à votre enfant: «Maman et papa me considèrent spécial juste pour ce que je suis.» Ça, c'est de l'amour!

39 *Partagez une chanson avec votre enfant*

C élébrez en chanson la relation que vous avez avec votre enfant. Bien des amoureux ont une chanson qu'ils appellent «notre chanson»; c'est habituellement une chanson qui évoque le souvenir d'un moment important qu'ils ont vécu ensemble: un premier rendez-vous, une première danse ensemble, une soirée de fiançailles. Vous avez aussi avec votre enfant une relation d'amour et une chanson peut aider votre enfant à se rappeler les bons moments qu'il a passés avec vous.

- *«Votre chanson» peut être une mélodie que vous avez entendue ensemble lors d'un heureux événement.* Peut-être est-ce une chanson que vous entendez à la radio pendant que vous roulez vers votre lieu de pique-pique préféré, une chanson qui passe sur votre tourne-disque un soir alors que vous êtes pris d'une crise de fou rire et que vous avez un plaisir fou à faire la vaisselle, une chanson qui reste coincée dans les haut-parleurs d'un centre commercial alors que vous faites en vitesse les derniers achats de Noël. «Votre chanson» peut être n'importe quelle chanson dont vous vous souvenez comme étant reliée à un moment heureux que vous avez partagé.

- *«Votre chanson» peut être un morceau de musique que l'on entend souvent chez vous.* Pierre a grandi dans un foyer où ses parents aimaient beaucoup la musique classique. Ils écoutaient régulièrement la musique de Brahms. Aujourd'hui, presque 15 ans plus tard, ces symphonies évoquent encore pour Pierre une soirée paisible passée dans le salon confortable de ses parents où il faisait des puzzles avec son père pendant que sa mère brodait.

Pour Dorothée, c'était le jazz. Son père adorait écouter les vieux disques et il possédait une collection de 78 tours qu'il faisait jouer sur le phonographe de la famille. Ces jours-ci, quand Dorothée a la nostalgie de la maison, elle se rend à la bibliothèque, près du dortoir, dans l'auditorium et elle écoute les «souvenirs de chez nous». Papa et maman lui semblent un peu plus proches.

- *«Votre chanson» peut en être une que vous composez spécialement pour votre enfant.* Nul besoin d'être un compositeur ou un parolier pour inventer une chanson que vous chantez rien que pour votre enfant. Choisissez une mélodie qui vous est familière ou inventez-la et chantez les mots qui vous viennent à l'esprit. Faites-en une chanson d'amour. Quelle soit simple. Utilisez le prénom de votre enfant dans le texte.

J'ai composé une chanson pour trois de mes filleuls qui sont tous dans la même famille. Je leur ai vite dit que cette chanson était strictement pour eux et que je ne la chantais à personne d'autre. Les paroles sont extrêmement simples: «Qui aime Conrad? Moi, j'aime Conrad. Qui aime Conrad? C'est bien moi!» La même chanson s'applique très bien aux sœurs Catherine et Caroline. La phrase «C'est bien moi» s'accompagne de chatouilles. Vous pouvez l'utiliser pour votre enfant.

Qui aime Con - rad? Moi j'aime Con - rad

Qui aime Con - rad? C'est bien moi.

- *«Votre chanson» peut être un cantique.* Ça peut être une interprétation exaltante de «Les mains ouvertes devant toi, Seigneur» que vous chantez ensemble en préparant les «boîtes à lunch», ou le fameux «Notre Père» interprété occasionnellement en famille comme berceuse au coucher, ou «Je crois en toi, mon Dieu» que vous chantez à votre enfant à un moment de détente. Choisissez un cantique que vous aimez tous les deux, vous et votre enfant. Apprenez-en tous les couplets et chantez-le avec enthousiasme.

Ne soyez pas étonné d'entendre votre enfant fredonner «votre chanson» pour lui-même pendant qu'il joue tranquillement ou qu'il se prépare à faire face à un nouveau défi. C'est là toute l'importance d'avoir une chanson que vous aimez mutuellement: votre enfant peut la chanter pour se remémorer votre force, votre courage, votre présence, votre joie de vivre en tout temps et en tout lieu, sans trop attirer l'attention. Faites en sorte que cette chanson contienne votre amour. Chantez-la ou faites-la jouer souvent.

40 *Acceptez de partager votre enfant avec d'autres adultes*

N e vous établissez pas comme étant l'unique source d'amour que votre enfant puisse connaître. Il peut ne pas voir la différence maintenant, mais il se sentira trompé plus tard. Partagez votre enfant avec d'autres adultes qui l'aiment. Permettez-lui de connaître la joie d'être aimé de ses grands-parents, de ses oncles et tantes, de ses parrain et marraine et d'autres adultes avec qui il peut avoir un lien.

L'amour des autres adultes renforce votre amour. Leurs paroles aimantes soutiennent vos manifestations d'amour et donnent une plus grande signification à votre «Je t'aime». Leur amour conduit votre enfant à la conclusion qu'il mérite, en effet, d'être aimé — non seulement par les parents qui sont souvent perçus comme étant «obligés» d'aimer l'enfant, mais également par d'autres qui ne sont pas «obligés» de l'aimer.

Souvent consciemment et parfois inconsciemment, certains parents essaient de couper l'enfant des autres parce qu'eux-mêmes ont été blessés.

C'est particulièrement vrai dans le cas d'un divorce ou d'une séparation. Aussi blessé que vous puissiez l'être, faites l'effort de regarder le monde avec les yeux de votre enfant. Il sentira que vous le punissez si vous l'empêchez de rester en contact avec ceux qu'il a appris à aimer.

Des compagnons valables

Comment définir quels adultes votre enfant devrait fréquenter d'une façon régulière? Laissez-le fréquenter des adultes qui apprécient sa présence et qui aiment être avec lui. N'imposez pas votre enfant à un grand-parent récalcitrant. Par le fait même, sachez que, comme parent, vous avez le privilège de définir les règles de la relation.

S'il n'y a aucun parent adulte qui vive à proximité ou si ses grands-parents, ses oncles et ses tantes sont décédés, essayez de trouver un autre adulte avec qui votre enfant peut passer du temps. Vous pourrez en trouver par l'Association des Grands Frères et des Grandes Sœurs. Vous pouvez vous adresser à votre église. Il peut aussi s'agir d'un voisin.

Votre enfant a besoin d'entendre l'opinion des autres adultes qui l'aiment. Il a besoin de voir comment d'autres adultes réagissent dans différentes circonstances et situations de la vie.

Une exception à la règle

Le seul moment où vous devez interdire une relation entre votre enfant et un autre adulte, c'est quand vous soupçonnez de mauvais traitements:

qu'il s'agisse de mauvais traitements, d'outrages sexuels ou émotifs. Dans ces cas, coupez définitivement la relation. Si votre enfant subissait vraiment des sévices, il vous sera reconnaissant de l'avoir secouru.

Si l'enfant est plus âgé au moment de cette relation abusive, faites-lui savoir pourquoi vous ne lui donnez plus la permission de passer du temps avec l'adulte en question. Si votre enfant a vraiment subi des mauvais traitements, il vous remerciera et aura une meilleure opinion de vous.

Dans ce partage de votre enfant avec d'autres, parlez occasionnellement à l'autre adulte des différents problèmes que votre enfant peut vivre. Demandez-leur leur point de vue.

Que certaines visites soient spontanées, d'autres planifiées. Gardez la relation aussi normale que possible. Par exemple, n'insistez pas pour que votre fille porte sa plus belle robe pour aller voir tante Lou.

Gardez un détachement sain

N'essayez pas d'exiger un compte rendu de votre enfant après chaque visite. Exprimez votre intérêt envers les activités qu'il a faites avec l'autre adulte, mais ne le cuisinez pas sur les détails au-delà de ce qu'il veut bien vous communiquer. Le parent qui recherche désespérément les renseignements transmet à son enfant le message suivant: «Je ne suis pas certain de te faire confiance avec cet adulte. Je ne suis pas certain d'avoir confiance en l'amour qu'il te porte.»

En somme, que votre enfant sache que c'est bien qu'il aime quelqu'un d'autre. Vous pouvez lui dire: «Je suis content que tu aies une si bonne relation avec grand-papa.» Ou: «N'est-ce pas agréable que tante Olga vive tout près et que tu puisses passer du temps avec elle?»

L'une des grandes qualités de l'amour, c'est que nous, êtres humains, ne pouvons jamais nous en rassasier quand il est véritable. Partagez votre enfant avec d'autres pour qu'il puisse être submergé par un immense et débordant flot d'amour. Votre enfant aimera être aimé de la sorte!

41 Laissez-lui un message d'amour pour son retour de l'école

P révoyez le retour de votre enfant à la maison après une longue journée à l'école. Faites en sorte qu'une surprise l'accueille. Donnez-lui le message: «J'aime être avec toi. Je suis contente que tu sois de retour à la maison!»

Voici quelques surprises que les enfants aiment:

- *Un goûter*: Je n'ai jamais encore rencontré un enfant qui n'ait pas faim en rentrant de l'école. Pelez une pomme et enlevez le cœur. Préparez-lui un sandwich avec un verre de lait. Sortez quelques biscuits avec un verre de jus de fruits.

- *Une gâterie différente*: Votre message d'amour peut être un nouveau film vidéo qu'il pourra regarder en attendant votre retour. Ça peut être un jeu, un vêtement que votre enfant désirait, ou bien une enveloppe contenant son argent de poche.

- *Un petit mot écrit de votre main*: Collez-le sur le miroir de la salle de bains: «Je suis content que tu sois arrivée à la maison saine et sauve! Je rentrerai vers 17 h 30 aujourd'hui.» Ou placez une note sur la porte du réfrigérateur: «Il y a un morceau de gâteau tout prêt et enveloppé pour ton goûter. Pas une bouchée de plus. Avec amour. Maman.»

- *Un message sur le répondeur*: Philippe laisse tous les jours un message à son fils sur le répondeur. Son fils le sait et il vérifie l'appareil dès qu'il rentre à la maison. «Salut, fiston. C'est papa. J'arriverai bientôt. Fais tes devoirs tout de suite pour que nous puissions jouer une partie de ballon à mon arrivée. Je devrais être là vers 18 h.»

- *Un appel téléphonique*: Chantal appelle son fils tous les jours à l'heure où il arrive habituellement. Ils causent de la journée qu'ils ont passée pendant quelques minutes, ainsi que des projets familiaux pour la soirée. Denise, par contre, demande à son fils de l'appeler dès qu'*il* arrive à la maison.

En laissant un message à votre enfant, assurez-vous que les indications soient claires. Communiquez avec des mots que votre enfant peut lire. Soyez sûr de donner *tous* les détails. Par exemple, dites à votre enfant l'heure précise à laquelle vous aimeriez qu'il revienne de jouer au basket, à quel moment précis vous aimeriez qu'il mette un plat au four et à quelle température (et rappelez-lui d'allumer le four), et quels vêtements il doit mettre en se changeant.

L'idéal, bien sûr, est que les parents soient à la maison quand leurs enfants sont à la maison. De nos jours, ça n'est pas toujours possible. Faites en sorte que votre enfant ait «un morceau de votre présence» quand vous ne pouvez pas être là en personne.

42 Aidez votre enfant à se monter une collection

U ne collection constituée au fil du temps est une excellente façon d'exprimer la continuité de votre amour à votre enfant.

Partagez du temps

Quand c'est possible, choisissez une collection qui peut être reliée au *temps* que vous passez avec votre enfant. Que cette collection ne soit pas seulement quelque chose que votre enfant *possède*, mais quelque chose qu'il *fait*. Voici quelques possibilités:

- *Une collection de timbres*: Accompagnez votre enfant aux diverses boutiques de philatélie. Conduisez-le au bureau de poste quand un nouveau timbre vient de sortir.

- *Une collection de livres*: Ne lui donnez pas seulement un bouquin de temps à autre. Amenez votre enfant à une librairie et permettez-lui de choisir une nouvelle acquisition pour sa collection.

- *Une collection de pierres ou de coquillages*: Ramassez-en quelques-uns au cours de vos randonnées ensemble et achetez-en d'autres dans des boutiques spécialisées.

Une collection peut même avoir un usage pratique plus tard dans la vie. En ce qui me concerne, je collectionnais les vases miniatures. Ma mère m'avait conseillé de collectionner quelque chose que je pourrais apprécier, même en tant qu'adulte, et j'ai souvent utilisé ces petits vases pour égayer la maison de petites fleurs par-ci par-là ou pour embellir la table à des réceptions. Ces vases avaient été accumulés au cours de nos nombreux voyages faits ensemble pendant ma croissance.

Fabriquer des souvenirs

Marie avait un collier où on ajoutait des perles, et que ses parents avaient commencé pour elle dès sa naissance. La dernière perle lui avait été offerte la veille de son mariage, de telle sorte qu'elle puisse porter un collier complet avec sa robe de mariée.

La collection de wagons de Justin prend de la valeur chaque année. Son train fait pâlir d'envie tout le voisinage. La collection de décorations de Noël de Janette est une chose qui la suivra quand elle quittera la maison, un jour. La collection de clowns de Linda remplit maintenant toute une étagère dans sa chambre. Les clowns la font toujours rire.

Une collection dit à votre enfant: «Mon amour se prolonge dans le temps, de la même façon que tu acquiers ces objets. Mon amour pour toi est à long terme. Il grandit tous les jours. Mon amour est un trésor d'une valeur inestimable; comme ces objets prennent de la valeur pour toi avec le temps, il en va de même pour mon amour.» Les enfants sont des êtres qui vivent ici et maintenant. Plus ils grandissent, plus ils comprennent le sens du temps, de l'histoire et de la continuité. Faites en sorte qu'une collection soit l'expression tangible de votre amour à travers les années.

43 *Allez chercher l'aide dont votre enfant a besoin*

N e croyez pas que vous devez être tout pour votre enfant. Ayez recours à des aides professionnels quand votre enfant en a besoin. La plupart des parents conduisent facilement leurs enfants chez le médecin, le dentiste ou l'optométriste. Ils savent qu'ils ne peuvent soigner certains problèmes de santé. Cependant, ces mêmes parents sont réticents à demander de l'aide dans des domaines où ils croient qu'ils devraient avoir toutes les réponses.

Des problèmes d'apprentissage

Demandez de l'aide quand votre enfant a besoin de *soutien particulier dans une matière scolaire.* Ne laissez pas votre enfant se débattre seul sur un sujet fondamental. Si votre enfant ne sait pas lire selon le niveau de sa classe ou s'il a des problèmes en maths, offrez-lui un cours particulier. Ne laissez pas grossir le problème. J'ai déjà rencontré, dans une classe du collège, une étudiante qui m'a dit sur un ton prosaïque: «Je ne peux pas faire ce travail parce que je ne comprends pas les pourcentages.» «D'accord», lui ai-je répondu, «je vais t'apprendre à calculer les pourcentages.» «Non», a-t-elle ajouté, «vous ne saisissez pas. Je ne *peux* pas faire les pourcentages. J'ai essayé pendant des années et je n'y *arrive* pas.»

Cette jeune fille avait eu l'«aide» de son père qui, malheureusement, ne savait pas non plus calculer les pourcentages! Il avait tellement déconcerté sa fille qu'elle en avait déduit qu'elle était ignorante et que personne ne pouvait l'aider dans le domaine des mathématiques.

Si votre enfant est en larmes (ou au bord des larmes) parce qu'il n'arrive pas à comprendre une matière, à faire des exercices ou à résoudre un problème: allez chercher de l'aide. Il est possible que votre enfant ait reçu des instructions confuses ou inexactes qui doivent être rectifiées. Ou il peut avoir un problème d'apprentissage qui nécessite un remède.

Des problèmes de comportement

Si votre enfant éprouve des difficultés continuelles et persistantes à contrôler sa colère, s'il semble déprimé et parle de mort, s'il semble incapable de se faire des amis ou de les garder, s'il se retrouve souvent dans des situations problématiques à l'école ou s'il se replie de plus en plus sur lui-même: ayez recours à l'aide professionnelle.

Vous voudrez peut-être consulter d'abord un pasteur, un rabbin ou un prêtre. Vous voudrez peut-être voir d'abord son professeur, le directeur ou l'orienteur de son école. Ils peuvent vous diriger ailleurs. Si tel est le cas, suivez leurs conseils.

Ne présumez pas que votre enfant «finira par s'en sortir». Il n'y arrivera peut-être pas. Il a peut-être vécu une expérience que vous ignorez tout à fait. On peut avoir abusé de lui d'une manière ou d'une autre, ou il peut avoir été témoin d'une agression quelconque. Elle peut avoir vécu une peine dont elle ne peut vous parler pour mille et une raisons. Donnez à votre enfant la chance de parler de son problème à un conseiller professionnel.

Encouragez votre enfant. Dites-lui que vous croyez que les choses s'amélioreront pour lui! Par-dessus tout, réitérez votre amour. Dites: «Ma chérie, je t'aime et je veux te voir jouir au maximum de la vie. Je veux que tu retires la plus grande satisfaction et le plus bel épanouissement de la vie. Il arrive parfois que nous rencontrions des problèmes qui nous semblent énormes. Nous découvrons habituellement que ces problèmes sont moins pénibles quand quelqu'un nous aide à les résoudre.» Ne faites pas en sorte que votre enfant considère la thérapie comme une punition à son comportement; ne le laissez pas se considérer malade ou déficient. Placez la thérapie dans un contexte d'aide et d'apprentissage.

Souvent, les parents présument que l'amour transcende tous les problèmes ou que l'amour guérit tous les maux. Ce n'est pas le cas. Un problème prend souvent racine au tréfonds de la peine, de la culpabilité ou de la solitude, et l'amour par lui-même ne peut pas y remédier. La chimie physique d'un enfant peut être complètement perturbée et les fondements du problème d'apprentissage ou de comportement peuvent être physiques aussi bien que psychologiques. Votre enfant peut faire l'expérience de quelque chose qui soit complètement étranger à tout ce que vous avez pu vivre.

Obtenez l'aide dont votre enfant a besoin. C'est souvent la façon dont l'amour se manifeste avec le plus grand impact. «Maman m'a aimé assez pour m'aider à traverser cette difficulté. Papa m'a aimé assez pour reconnaître mon besoin et chercher l'aide nécessaire pour le combler.»

44

Gardez un petit quelque chose de votre enfant comme faisant partie intégrante de votre foyer

C ette «façon simple» s'adresse aux grands-parents, aux oncles et aux tantes, aux parrains et marraines qui accueillent les enfants qu'ils aiment dans leur foyer. Voici une façon pour *vous* de dire «Je t'aime» à un enfant spécial pour vous dans votre vie.

Gardez chez vous un objet qui soit la propriété exclusive de l'enfant, une chose qui lui soit réservée et disponible quand il vient vous rendre visite. Il peut s'agir d'un oreiller, d'une couverture ou de draps réservés uniquement à son usage; il peut s'agir aussi d'une serviette dans l'armoire de la salle de bains ou d'un tiroir de la commode rempli d'une diversité de jeux, de jouets ou de puzzles. Ceci transmet à votre enfant bien-aimé le message suivant: «De la même façon que tu as une place privilégiée dans mon cœur, tu as une place spéciale dans ma maison.»

Une propriété privée

Corinne a des draps «Mickey Mouse» rangés dans son coffre de cèdre à l'usage exclusif de son petit-fils, Thomas, qui vient passer au moins une nuit par mois chez elle. Non seulement ces draps sont-ils devenus une tradition dans la vie de Thomas, mais ils sont également le souvenir d'un jour heureux qu'il a passé à Disneyland avec ses grands-parents.

Assurez-vous que l'enfant n'emporte pas ces objets spéciaux en rentrant chez lui en même temps que lui. Bien sûr, ceci ne signifie pas que l'enfant ne peut rien apporter chez lui. Une collection de jolies feuilles d'automne ramassées sur votre trottoir, des fleurs de votre jardin, une douzaine de biscuits faits à la maison, le tee-shirt que vous avez peint ensemble. Laissez l'enfant apporter avec lui les souvenirs temporaires de sa visite chez vous.

Des nécessités spéciales

Gardez une brosse à dents, du shampoing pour bébé ou une bouteille de bain-mousse à l'usage exclusif de votre enfant. Quand votre enfant devient adolescent, adaptez le shampoing et ajoutez un rasoir. Votre adolescente aura encore besoin d'une brosse à dents et appréciera la mousse ou les sels de bain.

Gardez ses céréales préférées dans un contenant hermétique à l'intérieur de votre placard. Ceci s'applique à tous les âges. Choisissez une robe de chambre et des pantoufles juste pour lui ou pour elle. Gardez une chemise de nuit ou un pyjama chez vous pour les couchers improvisés.

Que cet enfant sache: «Il y a de la place pour toi dans ma vie. Je veux que tu te sentes toujours bien ici. Je veux que ce soit un chez-toi-en-dehors-de-ton-chez-toi.»

45   *Établissez des règles*

*L*es enfants ont besoin et veulent des règles. Ils en ont besoin pour leur sécurité et leur protection. Ils ont également besoin de savoir que vous vous *préoccupez* de leur sécurité et de leur protection. Malgré tout ce qu'ils peuvent en dire pendant un moment de colère ou de frustration, ils considèrent les règles comme un signe de votre intérêt. Les règles disent à l'enfant: «Je t'aime assez pour me préoccuper de ce qui t'arrive. Je t'aime assez pour te protéger.»

Quand vous donnez à votre enfant des règles à suivre, vous ne faites pas seulement tracer des frontières qu'il ne peut dépasser, mais vous délimitez un terrain sur lequel il peut circuler très librement. En définissant les limites interdites à votre enfant, vous définissez également ce qui est permis.

Insistez sur le côté positif de la ligne de démarcation quand vous énoncez les règles que votre enfant doit suivre. Au lieu de dire: «Tu ne peux pas quitter le deuxième étage du centre commercial», essayez de dire: «Tu peux aller dans n'importe quelle boutique de ton choix au deuxième étage du

165

centre commercial. Mais ne va pas à un autre étage sans que nous en ayons d'abord parlé».

Voici trois lignes directrices pour établir des règles:

- Ne laissez pas votre enfant s'engager dans une activité qui offre des risques élevés de blessures physiques ou émotionnelles.

- Ne permettez pas à votre enfant d'endommager volontairement les biens d'autrui.

- Ne laissez pas votre enfant blesser volontairement une autre personne.

Il peut vous arriver de vouloir établir des règles en termes de «règles de la maison». Autrement dit, informez votre enfant que certaines règles ne sont pas des lois du pays ou des principes adoptés par l'univers entier, mais qu'elles *sont* des règles que vous avez choisies pour votre foyer et votre famille.

En tant que parents, il est de votre devoir d'établir des règles. Informez votre enfant que vous avez ce privilège. Aussi longtemps que vous avez la responsabilité de votre enfant, vous avez le droit de déterminer les règles qui s'appliquent à son comportement et d'exiger qu'il les suive.

Utilisez votre instinct

Il y a d'autres règles encore comme celles qu'un de mes amis qualifie de «règles d'instinct». Les règles tendent à s'appliquer aux généralités. Les enfants ont tendance à fonctionner au niveau des spécificités. Appliquer des règles générales à des situations spécifiques fait souvent appel à l'«instinct». Vous pouvez toujours dire à votre enfant: «Mon instinct de père me dit que c'est une occasion où je dois dire non.» Ou: «Je sais que l'heure habituelle de ton couvre-feu habituel est 23 h. Et c'est vrai aussi qu'à quelques occasions, je t'ai permis de rentrer à minuit. Mais, cette fois-ci, la règle du couvre-feu de 23 h doit tenir. Et non, je n'ai aucune autre raison que d'avoir besoin de te savoir de retour à 23 h.»

Vous n'avez pas besoin d'expliquer toutes vos règles à votre enfant. Vous voudrez probablement en expliquer certaines. Expliquez ce qui, selon vous, doit être connu ou ce que votre enfant est en mesure de comprendre. C'est cependant le privilège d'un parent de demander l'obéissance même sans explication. Informez votre enfant dès le début que «simplement parce que je l'ai dit» *est* une réponse acceptable dans bien des situations.

Soyez conséquent, logique

L'aspect le plus important d'un règlement, c'est son application logique. Ne changez pas les règles en cours de route. Que la règle du lundi s'applique aussi le mardi. Soyez également conséquent face à vos règles pour chacun de vos enfants. N'établissez pas une série de règles pour les garçons et une autre pour les filles.

Les règlements doivent provenir d'un système de valeur logique. Si c'est mal de mentir à un père ou une mère, ça doit également être mal de mentir à un frère ou à une sœur. Si c'est mal de tricher à un examen, ça devrait aussi être mal de tricher en comptant l'argent des amis au Monopoly.

Soyez sensible à votre enfant

Soyez conscient que, dans bien des cas, votre enfant veut vous entendre dire non. Il ne veut pas être responsable d'un oui. Le film va assurément terroriser tous ceux qui vont le regarder. Tous les autres enfants vont le voir. Votre enfant vous supplie devant les autres enfants de lui donner la permission d'y assister. Vous dites «non». Ne soyez pas surpris s'il semble soulagé.

Soyez réceptif à un ajustement des règles quand votre enfant grandit. La règle de la lumière éteinte à 20 h n'est plus appropriée pour un enfant de 12 ans.

Les règles supposent aussi certaines punitions. Il doit y avoir une clause «si» pour que les règles aient un impact. «*Si tu sors de la cour, tu devras rentrer dans la maison et y rester pour le reste de l'après-midi*». «*Si tu frappes encore Martha, accidentellement ou pas, tu auras 10 minutes de réflexion en rentrant.*»

Parlez toujours, toujours, *toujours* des règles en des termes que votre enfant comprend. Utilisez un langage simple et concis. Exposez clairement les conséquences.

Soyez prêt à réétablir encore et toujours votre position. La règle du mardi peut s'appliquer le lundi, mais votre enfant peut avoir oublié que c'était une règle ou ne pas savoir que c'est mardi! Comme m'a dit une fois mon ami Charles: «Toute la tâche de parent semble se résumer en un seul mot: répéter.»

Assurez le suivi des punitions quand un enfant désobéit aux régles établies. Ne faites pas de menaces en l'air. Informez votre enfant que, quand vous dites quelque chose, c'est sérieux. Que votre enfant sache que votre décision est définitive et non sujette à négociation. De cette façon, votre enfant sera plus enclin à vous croire quand vous dites: «Je t'aime!»

46 *Priez pour votre enfant*

P lus tôt, dans ce livre, nous avons fourni des suggestions pour prier avec votre enfant. Une autre façon d'aimer votre enfant est de prier *pour* lui.

La prière accomplit quelque chose dans votre propre cœur. Ça augmente votre capacité de ressentir l'amour pour votre enfant. Ça vous fait prendre conscience de choses qui pouvaient sommeiller dans votre subconscient. Ça vous ouvre une voie pour vous pardonner à vous-même les moments où vous savez ne pas avoir suffisamment aimé votre enfant.

Sabrina va souvent dans la chambre de son fils pour prier pour lui pendant qu'il est parti à l'école. Là, au milieu de tout le «désordre», au cœur de l'environnement qu'il s'est créé à peu près essentiellement pour lui-même, elle s'allongera sur le lit de son fils et essaiera de voir le monde comme son fils le voit: «Je capte beaucoup mieux ce qu'il valorise et ce à quoi il fait face», dit-elle. «C'est vraiment comme si je marchais un kilomètre dans ses mocassins.»

Des occasions de prières

- Priez pour votre enfant avant de le punir. Demandez à Dieu de vous donner des conseils, de la modération et de la patience.

- Priez pour avoir la sagesse d'aider votre enfant à faire face aux problèmes de la vie et pour pouvoir l'élever de la meilleure façon possible.

- Priez et demandez pardon pour les fois où vous savez que vous avez laissé tomber votre enfant d'une manière quelconque.

- Priez pour demander une solution aux problèmes de votre enfant. Il peut s'agir d'un problème de comportement, de santé ou d'école.

- Priez pour obtenir la capacité de faire preuve d'amour envers votre enfant.

- Priez pour attirer une bénédiction sur votre enfant. Demandez à Dieu un flot abondant d'occasions et de bonnes choses dans la vie de votre enfant, maintenant et toujours.

Vous découvrirez que la prière donne une vision plus claire de votre relation avec votre enfant, qu'elle vous donne plus de patience, de perspicacité quant à la vie de votre enfant et qu'elle augmente votre force en tant que parent.

Votre enfant saura que vous priez pour lui. Il y aura des occasions où il vous entendra sans que vous ne le sachiez. Parfois, il voudra même que vous priiez pour lui en sa présence, surtout quand il est malade ou qu'il fait face à un quelconque défi.

Dites à votre enfant que vous priez pour lui. De temps à autre (ou même chaque jour), demandez-lui s'il y a des choses dans sa vie pour lesquel-les, il veut que vous priiez.

Un rituel au coucher

Jim trouvait souvent difficile de parler à ses enfants en tête à tête à propos de sujets sérieux. De fait, Jim ne parlait jamais beaucoup en présence des membres de sa famille. Toute sa vie, il avait été qualifié comme étant timide et réservé. Sa femme et ses enfants acceptaient ce fait.

Au lieu d'entreprendre de grandes conversa-tions avec ses enfants, Jim avait l'habitude d'aller dans leurs chambres une fois qu'ils dormaient et là, penché au-dessus du berceau ou assis sur le bord du lit, il priait pour ses enfants, un par un. Il leur disait comment il se sentait et ce qu'il espérait pour eux. Il priait pour leur avenir et le succès de leur vie.

Priez pour votre enfant en sa présence:

- Quand votre enfant est malade. Dites-lui que vous croyez qu'il se rétablira.

- Quand votre enfant est seul et triste. Dites-lui que vous croyez qu'il connaîtra d'heureux mo-ments très bientôt.

- Quand votre enfant fait face à un réel défi — moral, scolaire, athlétique ou spirituel. Qu'il sache que vous croyez qu'il se tiendra solide-ment debout et qu'il sortira victorieux de cette épreuve et que, même s'il ne gagne pas, il peut encore être un «gagnant».

Personne ne comprend vraiment comment les prières fonctionnent. Mais presque tout le monde a été témoin d'une circonstance où une prière fut exaucée. La prière comble les vides que vous pouvez ressentir dans votre relation avec votre enfant.

47   *N'oubliez pas les contacts légers*

Q ue votre relation avec votre enfant soit remplie de touchers légers, spontanés et pas trop sérieux.

Prenez-le par les épaules quand vous attendez à la caisse de l'épicerie, tenez sa main 30 secondes en marchant de la voiture à l'église, serrez sa main après le bénédicité du repas du soir.

Des rituels de départ

Bruno refusait catégoriquement de laisser sa mère l'étreindre ou l'embrasser quand il partait pour l'école. «Et si les gars nous voient?» disait-il. Ils croiront que je suis efféminé.» En guise de salutation, Bruno et sa mère partagent plutôt des «baisers du coude». Quand Bruno part le matin, il lève son coude vers sa mère et elle lève le sien et, pendant une seconde ou deux, leurs coudes se touchent. C'est subtil. Pas trop fleur bleue. Mais c'est un contact qui marque la journée.

La mère de Jérémie le conduit à l'école tous les jours. Leur rituel de séparation est semblable. Maman tend simplement la main et lui serre un peu le genou à trois reprises. «Un pour moi, un pour papa et un pour Dieu.» Jérémie se sent aimé trois fois.

Marlène et sa mère se tiennent les doigts. «Quand Marlène était petite, elle s'étirait et s'accrochait à mon petit doigt. Elle ne voulait pas que je lui tienne la main. C'était trop que *je* tienne *sa* main. Au lieu de ça, elle voulait plutôt se sentir indépendante et saisir *mon* doigt à volonté. Quand nous sommes debout à l'église ensemble maintenant (elle m'arrive déjà aux épaules, vous vous rendez compte), elle cherche parfois mon petit doigt pour y accrocher le sien.»

Grand-père offre galamment son bras à Mireille chaque fois qu'ils marchent ensemble. Mireille se sent spéciale en tant que «fille de son grand-père». (Et grand-père se sent plus en sécurité pour marcher).

Les contacts légers signifient beaucoup

Qu'est-ce que ces moments de contact apportent à votre enfant?

- Ils lui rappellent votre présence. Un petit contact peut être rassurant pour un enfant au moment où il monte sur scène, ou quand il part et revient vers vous. Si un enfant se tient assez proche de vous pour que vous le touchiez, considérez-le à portée de contact.

- Les petits contacts rappellent à votre enfant qu'il est *digne* d'être touché par vous, que vous voulez être proche de lui ou d'elle et que vous appréciez sa compagnie.

- Les petits contacts disent: «Merci, ma chérie.» Ou: «Vas-y.» Ou: «T'es capable.» Et toujours: «Je t'aime.»

N'en faites pas tout un plat. Qu'ils demeurent de simples *petits* contacts, un fin glaçage sur le gâteau nourrissant de votre amour!

48 *Dites à votre enfant qu'il peut vous blesser*

Q uand votre enfant vous blesse émotivement, volontairement ou inconsciemment,
dites-lui que vous êtes blessé. Choisissez un moment où vous êtes tous les deux seuls et dites: «Tu
te souviens, mon chou, quand tu as dit ceci ou fait
cela, ou omis de... eh bien, ça m'a blessé.»

Votre enfant sentira probablement que vous
avez été blessé même s'il ne peut pas le définir
comme une blessure. Il peut penser que vous êtes
fâché, bouleversé, frustré ou agacé. En disant à
votre enfant que vous avez été blessé, vous lui
enseignez à comprendre vos émotions et à être plus
réceptif à différents signes chez les autres pour les
temps à venir.

Le fait de dire à votre enfant que vous avez été
blessé lui donne une occasion de vous demander
pardon. Il peut ne pas utiliser de mots, il peut
simplement se montrer plus gentil envers vous
pendant quelques jours, ou arriver avec une fleur
ou vous écrire un petit mot. Acceptez le geste de
repentir de votre enfant.

Les blessures légitimes dont vous devriez discuter avec votre enfant comprennent tout incident

où votre enfant a fait preuve d'un manque de respect envers vous:

- les insultes (privées ou publiques).
- les jurons ou les injures, (lancés directement ou indirectement).
- les mensonges à votre sujet.
- les rejets flagrants et volontaires.
- les remarques désobligeantes.

Dans certains cas, le comportement de votre enfant peut mériter une punition de votre part. Comment déterminer quand la punition est méritée? Chaque fois que votre enfant vous fait quelque chose que vous ne voudriez pas qu'il fasse à quelqu'un d'autre, y compris un jour à son conjoint ou sa conjointe.

Quand vous décidez qu'une punition est nécessaire, informez clairement votre enfant *avant* de le punir: «J'ai été profondément blessé par ce que tu as dit ou fait, mais ce n'est pas pour ça que je te punis. Je te punis parce que ce n'est pas une façon acceptable de traiter aucun adulte, même moi. Je ne veux pas que tu refasses ça, jamais. Cette punition, c'est pour t'aider à te rappeler de ne jamais répéter ce comportement.»

Faites une distinction entre votre blessure personnelle et votre rôle en tant que parent qui donne des punitions. Assurez votre enfant que, malgré votre douleur, votre amour pour lui demeure fort.

Des messages positifs

Quels messages transmettez-vous à votre enfant quand vous lui dites qu'il peut vous blesser et qu'en fait, il vous a blessé?

Il apprendra d'abord que votre amour est résistant et qu'il peut survivre aux blessures et aux insultes. Il peut résister au rejet. Il peut se poursuivre au-delà des critiques. «*Mon amour pour toi, mon chéri, est plus fort que tout ce que tu peux faire contre lui.*»

Deuxièmement, elle apprendra que les relations aimantes ne s'expriment pas avec des insultes, des blessures, des critiques ou des mensonges. Les marques d'une relation aimante sont plutôt les éloges, le don, les bénédictions, l'aide et la vérité.

Troisièmement, votre enfant apprendra que ses actions peuvent blesser et qu'il est responsable des blessures qu'il inflige aux autres. Les enfants voient souvent les adultes comme insensibles aux blessures. (Ils voient souvent Dieu de cette manière, aussi). Dire à votre enfant que vous êtes vulnérable le rend plus sensible au fait que tous les êtres humains ont des sentiments qui peuvent être blessés.

La croissance émotive

Bien des enfants grandissent en pensant: «Ce n'est pas ma faute si une autre personne se sent blessée. C'est sa faute. Elle ne devrait pas se sentir comme ça. Elle aurait dû être capable de passer outre ce que j'ai dit ou elle aurait dû ignorer ce que j'ai fait.» C'est une attitude égocentrique, arrogante et autojustificative qui mène souvent à des relations peu profondes, temporaires, insatisfaisantes ou dysfonctionnelles.

Confrontez votre enfant avec les insultes qui sont sorties de sa bouche. Ne les niez pas. Grandissez à travers elles. Si vous n'aimiez pas, vous ne ressentiriez pas de douleur. Quand votre enfant vous cause de la douleur, montrez-lui que l'amour peut vaincre et survivre à la douleur. Montrez à votre enfant à quel point l'amour peut être fort. Il ne le saura jamais s'il croit qu'il ne peut jamais vous blesser.

49 *Personnalisez l'univers de votre enfant*

V alorisez le prénom de votre enfant. Faites-lui savoir que vous considérez son nom comme étant la représentation la plus proche et la plus chère de lui-même, par-delà son être physique, méritant cette valeur sans mesure. Ainsi, vous transmettrez haut et fort à votre enfant le message suivant: «Je te considère comme étant spécial. Je t'aime comme je n'aime personne d'autre.»

Encouragez votre enfant à laisser l'empreinte de ses mains et de ses pieds dans le ciment frais autour de votre piscine. Inscrivez-y la date. Donnez à votre enfant le plaisir de savoir qu'il a fait une marque indélébile dans votre maison.

Faites broder les initiales de votre adolescent sur quelques-unes de ses chemises à manches longues. Ça ne coûte que quelques dollars chez un tailleur. Faites-lui ainsi le message qu'il est spécial et que vous le considérez comme étant au-delà de la norme.

Personnalisez la chambre de votre enfant

Faites-lui faire un écusson à son nom pour sa chambre. Il pourrait s'agir d'un heurtoir de bronze gravé pour la porte de sa chambre. Son nom pourrait être gravé sur un morceau de bois ou brodé sur un petit écusson. Que votre enfant sache avec certitude: «C'est mon espace. Mon nom et mon espace vital sont importants pour maman et papa.»

Encadrez des certificats où le nom de votre enfant est associé à une bonne action et accrochez-les dans sa chambre. Exposez ses trophées. Et si votre enfant n'a pas de diplômes ou ne gagne pas de trophées? Alors, fabriquez-lui en un. Achetez-en un pour lui. Il peut s'agir d'un diplôme pour «La meilleure fille du monde» ou pour «Une performance supérieure comme fils». Les boutiques de trophées ont toutes sortes d'objets et de styles. J'ai récemment vu dans la chambre d'un jeune garçon de 13 ans un trophée où on pouvait lire: «Le compagnon de pêche préféré de grand-papa, été 1988» au-dessus du nom de l'enfant.

Pourquoi ne pas commander une épingle personnalisée pour votre adolescente ou bien faire graver ses initiales sur un médaillon? Pourquoi ne pas faire broder des initiales sur une serviette de plage ou un drap de bain pour votre fils?

D'autres touches personnelles

- Achetez une tasse portant les initiales de votre enfant.

- Inscrivez ses initiales sur le journal intime de votre fille.

- Faites inscrire les initiales de votre fils sur son premier portefeuille en cuir.

- Achetez un porte-clés avec le prénom de votre fille quand elle obtient son premier permis de conduire.

Ces touches personnelles supplémentaires disent à votre enfant: «Tu es unique. Même si d'autres dans le monde portent le même prénom que toi, aucun autre n'est *mon* enfant. Et aucun autre ne reçoit le même amour que j'ai en mon cœur pour toi.»

50 *Prenez du temps pour vous-même*

S oyez bon envers vous-même. Dorlotez-vous à l'occasion. Faites comprendre à votre enfant que vous vous estimez vous-même. Plus vous considérerez que vous êtes quelqu'un de précieux, plus vos manifestations d'amour envers votre enfant seront précieuses.

Pensez-vous être important? Vous l'êtes! Vous êtes le père ou la mère de votre enfant. C'est important. Gardez la tête haute et dites-vous à vous-même devant le miroir: «J'ai un rôle important à accomplir sur cette terre.» Laissez votre enfant avec ce sentiment: «Je suis aimé par quelqu'un d'important.»

Croyez-vous que vous êtes une personne attrayante? Chose certaine, vous l'êtes pour votre enfant. Rien n'est plus doux pour lui que le contact de vos mains, votre sourire, le scintillement de votre regard, et vos bras qui l'enveloppent d'une étreinte chaleureuse. Communiquez à votre enfant à quel point une personne formidable l'aime.

Respectez-vous vous-même. Non seulement votre enfant fera montre d'un grand respect pour vous, mais encore il sera investi d'un grand respect pour l'amour que vous partagez avec lui.

Aimez-vous vous-même

Prenez l'habitude de bien vous vêtir, de bien vous coiffer, et maquillez-vous avant que votre enfant ne quitte la maison le matin. Accordez-vous un moment pour prendre un bon bain moussant. Dites simplement à votre enfant: «Tu m'excuseras, mais j'ai décidé de m'accorder un moment de détente. Tu connais les règles de la maison. Respecte-les.»

Revêtez vos plus beaux atours de temps à autre lors d'un repas et insistez pour que votre enfant fasse de même. Ceci est particulièrement important si votre conjoint arrive à la maison en costume — et peut-être, en talons aiguilles!

Partagez-le avec votre enfant

Partagez aussi vos accomplissements avec votre enfant. Informez-le quand vous gagnez un trophée, quand vous recevez des félicitations d'un supérieur ou quand vous êtes satisfait de vous-même pour un bon travail que vous avez accompli sur un projet. «C'était un dîner du tonnerre, je t'assure!» «C'était un travail de première classe, que le grand patron le reconnaisse ou non.»

Annoncez occasionnellement un temps de repos pour toute la maisonnée. Si votre enfant se plaint de ne pas s'endormir, laissez-le s'allonger sur son lit avec un bon livre. Avisez-le: «Ne me réveille pas et ne sors pas de ta chambre!» Que votre enfant sache que vous méritez un peu de temps et d'espace rien que pour vous, y compris une sieste occasionnelle.

Prenez plaisir à l'achat d'une nouvelle robe, d'un costume ou d'une paire de chaussures. Délectez-vous d'un nouveau parfum ou d'un objet personnel. Que votre enfant sache que vous valorisez votre corps, votre apparence, vos accomplissements.

Plus votre enfant sent que vous vous accordez de l'importance, plus grande sera l'importance qu'il vous accordera. Et plus il accordera d'importance à vos manifestations d'amour.

51 *Protégez votre enfant*

E n tant que parent, vous êtes le principal protecteur de votre enfant. Les parents comprennent bien ça quand les enfants sont jeunes. «Ne va pas courir dans la rue.» «Ne touche pas à la cuisinière.» «Ne parle pas aux étrangers.» Cependant, la responsabilité augmente au lieu de diminuer quand les enfants grandissent.

• *Protégez votre enfant des dangers physiques.* Assurez-vous que votre enfant sait comment et quand faire un appel d'urgence. Assurez-vous que votre enfant connaît son nom, son adresse, son numéro de téléphone, votre nom et votre numéro de téléphone au travail. Préparez votre enfant à rencontrer des étrangers. «Si quelqu'un t'offre quelque chose qui semble trop beau pour être vrai, cours le plus vite que tu peux et viens m'en avertir!»

Répétez des exercices d'alerte au feu avec votre enfant dans votre propre maison. Enseignez-lui quoi faire s'il s'égare. Donnez-lui des leçons de natation. Montrez-lui les principaux premiers soins. Par-dessus tout, assurez-vous que votre enfant se *sent* en sécurité dans sa propre maison. Il est possible que vous deviez ajouter un verrou à la porte d'en arrière.

- *Protégez vos enfants contre les drogues.* Donnez-lui l'information nécessaire et ce, avant que d'autres ne la lui donnent. Armez-vous de faits. Expliquez-lui la différence entre les médicaments et les drogues illégales. Faites-lui savoir que les drogues font du tort aux personnes qui finissent par perdre le contrôle de leur vie.

- *Protégez votre enfant d'une grossesse non désirée.* Parlez de sexualité à votre enfant avant que d'autres ne le fassent. Expliquez-lui le fonctionnement du corps humain, mâle et femelle. Parlez de la conduite appropriée entre garçons et filles, hommes et femmes, selon votre échelle de valeurs. Ne vous contentez pas de dire: «Ne fais pas ça.» Dites-lui pourquoi. Discutez des précautions, de la prévention et de l'abstinence. Démolissez les mythes que votre enfant pourrait entendre à propos du sexe. Dites à votre enfant: «Je t'aime tellement que je souhaite que tu connaisses toutes les bonnes sortes d'amour au bon moment et de la bonne manière.»

- *Protégez l'esprit de votre enfant.* Ne permettez pas la pornographie dans votre maison. Regardez ce que votre enfant regarde. Voyez-vous des signes ou des pratiques d'occultisme? (Savez-vous quoi chercher? Sinon, informez-vous). Voyez-vous de la violence? Remarquez-vous des actes flagrants de ségrégation raciale, sexuelle ou culturelle? Arrêtez ça.

Orientez le choix de votre enfant dans son matériel de lecture. Régularisez ses sorties au cinéma. Nourrissez l'esprit de votre enfant aussi bien que vous nourrissez son corps.

- *Protégez votre enfant contre les agressions ou les abus.* Dites à votre enfant qu'il a le droit d'être protégé des agressions physiques, émotives ou sexuelles. Informez votre enfant en termes précis de ce qui dépasse les limites, de ce qui est privé et personnel dans son corps et comment reconnaître une relation émotivement destructive. Réitérez ce message à votre enfant: «Je t'aime et je ne veux pas qu'on abuse de toi de quelque manière que ce soit.»

N'acceptez pas de comportement autodestructeur où un enfant se considère lui-même comme un échec, se dit inadapté en quelque sorte, ou s'inflige des blessures. Assurez-le que vous continuerez toujours à l'aimer même s'il n'est pas un champion. Dites-lui que vous l'aimerez toujours, même si elle n'arrive pas à faire ce qu'elle veut avec ses cheveux. Renforcez continuellement ce message à votre enfant: «Je t'aime pour ce que tu es et non pour ce que tu fais ou ne fais pas.»

- *Protégez le cœur de votre enfant.* Enseignez à votre enfant comment traiter un échec ou un rejet. Montrez-lui comment se tenir du côté du bien moral. Donnez à votre enfant une foi à laquelle il peut s'accrocher dans les moments de noirceur, de solitude ou de peur. Dites à votre enfant: «Je t'aime et je veux que tu t'aimes aussi.»

52 *Ne laissez pas votre enfant vous vénérer*

C ette dernière «façon simple» de dire «Je t'aime» à votre enfant n'est réellement pas si simple. Les parents aiment être adulés. Qui n'aimerait pas ça?

Laissez votre enfant vous aimer. Appréciez les moments que vous passez ensemble. Prenez plaisir avec elle et laissez-la savourer la vie en votre présence. Mais ne laissez jamais votre enfant vous vénérer.

La vénération est différente de l'amour

La vénération s'enracine dans trois concepts fondamentaux.

- *L'objet de la vénération est incapable de faire quelque chose de mauvais.* L'objet d'une réelle vénération a un système de valeurs parfait et fait toujours régner une justice parfaite. Autrement dit, vous n'êtes pas qualifié et ne le serez jamais. Vous vous tromperez. Vous ne réussirez pas à tout coup.

- *L'objet de la vénération est omniscient* (il possède une sagesse et une connaissance infinies), omnipotent (il possède une puissance, une capacité et un talent infinis) et omniprésent (il est infiniment disponible, toujours et en tout temps). Ici encore, vous n'êtes pas qualifié. Vous ne serez pas toujours là pour votre enfant et même lorsque vous êtes physiquement disponible, votre enfant ne sentira pas toujours que vous êtes «présent» à lui émotivement.

- *L'objet de la vénération a un amour parfait.* Aussi grand que votre amour puisse être pour votre enfant, aussi merveilleux, aussi large et grand, aussi glorieux, il n'est pas parfait.

Parlez de l'amour à votre enfant. Parlez de ses limites et partagez avec votre enfant la constatation qu'il est parfois difficile d'aimer, même pour la personne la plus aimable et la plus aimante de la terre.

Vous n'êtes pas parfait

Encore une fois, *ne laissez pas* votre enfant vous vénérer. Ne le laissez pas vous considérer, dans son cœur ou dans son esprit, comme étant la perfection. Donnez-lui une vision plus élevée de la perfection. Dirigez son regard vers Dieu. Donnez-lui une vue plus grande de l'amour. Permettez-lui de le vivre avec d'autres personnes. Faites-lui comprendre plus clairement le fonctionnement de l'amour, comme un moyen de pardonner les faiblesses, de dépasser les fautes, de faire face aux péchés et de guérir les blessures.

Même si vous n'êtes pas digne de *vénération*, vous, en tant que parent, vous êtes encore le meilleur exemple d'*amour* que votre enfant ne connaîtra jamais. Votre enfant ne peut devenir un adulte sain sans la manifestation de votre amour.

Vous pouvez être un grand-parent, un oncle, une tante, un parrain, une marraine, un professeur ou n'importe quel adulte qui aime les enfants. Votre amour aussi est important pour l'enfant.

Personne ne peut donner à cet enfant spécial pour vous ce que vous lui donnez. Donnez donc de vous-même gratuitement et de manière consistante. Aimez généreusement et, chez votre enfant, l'amour *grandira*.